MANESSE BÜCHEREI

40

Hans Maier

Verteidigung der Politik

Recht – Moral – Verantwortung

Manesse Verlag
Zürich

Inhalt

1. Politik verstehen: ein Plädoyer

Was ist nötig, um Politik zu verstehen? Wie dringt man in ihr Inneres ein? Das ist oft gefragt und oft erörtert worden – nicht immer mit befriedigendem Ergebnis. Nach meiner Meinung deshalb nicht, weil es sich hier um einen komplexen Vorgang handelt – man darf kein Element weglassen, wenn man die Sache richtig verstehen will.

Politik verstehen – das heißt erklären, warum es in der Politik so ist und zugeht und nicht anders. Man kann hier verschiedene Ebenen unterscheiden. Drei davon möchte ich kurz schildern.

Die erste Ebene ist die der *Rationalität.* Es gibt fast nichts in der Politik, was man nicht mit rationalen Mitteln, Mitteln der Logik und des Verstehens angehen und erschließen kann. Selbst im heftigsten Konflikt, im leidenschaftlichen Gegeneinander, im wirrsten Knäuel von Handlungen und Gefühlen entdeckt man meist einen rationalen Einschlag: die alte Frage *Cui bono?* (wer hat den Vorteil?) deckt ihn auf. In Handlungen werden Ziele und Absichten deutlich, Zwecke und Mittel, das Angestrebte und das schließlich Erreichte. Nicht einmal der bewaffnete Konflikt als Grenzfall der Politik macht eine Ausnahme von diesem Gesetz der Rationalität: Muß nicht selbst im Krieg der Einsatz kalkulierbar, der

7

«zweite Schlag» noch möglich, der Friedensschluß noch denkbar sein? Zumindest war dies so im Zeitalter klassischer Staatenkriege; was die Zeit der Weltkriege nicht nur von traditioneller Ritterlichkeit, sondern auch von der Rationalität des «gehegten Krieges» weggefegt hat, wissen wir alle.

Daß man einen so bewegten, von Glück, Leidenschaft und Unberechenbarkeit erfüllten Bezirk rational durchdringen kann – das war für uns junge Sozialwissenschaftler in den fünfziger Jahren eine Entdeckung. Nicht nur die Vergangenheit, so sahen wir, ließ sich rational beschreiben und analysieren, sondern auch die Gegenwart; es gab nicht nur wissenschaftliche Historie – es gab auch wissenschaftliche Politik. Natürlich erleichterte die in Verfahren geordnete Demokratie dem Wissenschaftler solchen Zugriff. Den Weg eines Gesetzes durch die Körperschaften eines Rechtsstaats erklärt man nun einmal leichter als die verschlungenen Pfade politischer Entscheidungen in einem Mullah-Regime.

Die zweite Ebene ist die der *Aktion*. Politik ist ja Handlung. Wir haben das viel zu lange verdrängt. Politik ist auch ein Stück Szene, ein Stück Theater; alle Einzelgeschehnisse stehen in einem umfassenden Handlungsrahmen, eines folgt aus dem anderen, oft zufällig, spielerisch, oft mit Notwendigkeit. Hier bietet die wissenschaftliche Literatur meist zu wenig. Ein guter Interpret müßte diese Sphäre des Agierens, in dem ein Wort das andere gibt, in dem etwas Zusammenhängendes, in sich Geschlossenes, Unumkehrbares und Unwiderrufliches entsteht, sichtbar machen. Neben die rationale Analyse müßte die Analyse des Szenischen, der Aktion treten. Eines ist nicht ohne das andere.

Und damit kommt die dritte Ebene ins Spiel: die des Gefühls, der *Emotion*. Politik geht unter Druck vor sich, unter Zeitdruck, Druck der Umstände – am meisten aber unter dem Druck von Gefühlen. Es geht ja nicht um ganz kleine Dinge, es geht um mittlere und größere, unter Umständen um das Schicksal eines Volkes, einer Nation. Hier ist ein beträchtlicher Einsatz im Spiel, und ein solcher Einsatz nimmt nicht nur den Verstand in Beschlag, sondern auch die Psyche, nicht nur die Vernunft, sondern auch die Affekte. Ist es ein Zufall, daß in der Politik unendlich viel gelästert, polemisiert, geflucht wird, daß es da keineswegs so fein zugeht wie unter wohlerzogenen Bürgern? Ich will das nicht rechtfertigen oder gar loben – man muß es aber verstehen, wenn man Politik verstehen will. Und wiederum müßte ein guter Interpret davon etwas sichtbar machen – daß es leidenschaftliche und fehlbare Menschen sind, die sich um Politik bemühen; daß sie oft hingerissen werden von der Dynamik ihres Handelns; und daß sich ihre Qualität zuletzt daran entscheidet, ob sie fähig sind, dem Menschlich-Allzumenschlichen in sich ein Stück Rationalität abzuringen – ein Stück Ordnung, das für alle gilt.

2. Was heißt das: Politik?

Der Begriff Politik geht historisch auf das griechische Wort für Stadt, Burg, Gemeinde *(pólis)*, genauer auf den Bürger dieser Stadt *(polítēs)* zurück. Von ihm sind abgeleitet (1) das Adjektiv *politikós,* das in seiner weiblichen Form *politikē,* verbunden mit den Substantiven *epistēmē* oder *téchnē,* soviel bedeutet wie Staatswissenschaft oder Staatskunst; (2) die Pluralform *ta politiká* als Bezeichnung für das Öffentliche, Gemeinschaftliche, alle Bürger Betreffende und Verpflichtende. Auf dem Weg über Latinisierung und Gelehrtensprache ist das Wort entweder in der ersten oder in der zweiten Form in nahezu alle modernen Sprachen eingegangen (frz. *politique,* engl. *politics*). Eine wichtige Nebenspur ist die sprachliche Linie, die von griech. *politeia* (innere Ordnung der Polis, Verfassung) über die lat. Gelehrtensprache *(politia, policia)* zu engl. *policy,* dem Grundwort für Politik im angelsächsischen Sprachkreis, führt (vgl. im älteren Deutsch *Policey* = innere Verwaltung, Innenpolitik). Hier steht von Anfang an die Innenseite, der normative Aspekt der Politik im Vordergrund.

Während das Wort Politik ursprünglich die inneren Verhältnisse der Polis und ihrer Bürgerschaft meint (heute würde man von Kommunalpolitik sprechen), dehnt sich seine Bedeutung im Lauf einer immer breiteren Rezeption allmählich auf alle Gebiete öffentlich leitender Tätigkeit aus: von der Lokal- und Regionalpolitik bis zur Staats-, Reichs-, Kontinental- und Weltpolitik. Gleichzeitig verzweigt sich das Wort – das anfänglich nur das Allgemeine der Bürgergemeinde bezeichnet – in eine kaum mehr übersehbare Fülle von Spezial-Politiken: Außen- und Innenpolitik, Wirtschafts-, Handels-, Finanz-, Rechtspolitik, Ausländerpolitik, Wissenschaftspolitik, Minderheitenpolitik, Sprachenpolitik usw. Im Lauf eines langen Prozesses büßt das Wort Politik seine ursprüngliche normative Bedeutung ein: Nicht mehr die eigentümliche, auf bürgerlicher Gleichheit und offenem Diskurs unter Freien beruhende Willensbildung und Regierung (die bei den Griechen scharf vom herrschaftlichen Bereich des «Hauses» und von den «strategischen» Beziehungen nach außen geschieden wird) steht im Mittelpunkt, sondern unterschiedslos *jede* Form von Regierung und Herrschaft, *jedes* Handeln zur Erreichung öffentlicher Zwecke. Damit gehen weitere Veränderungen Hand in Hand: Innerhalb der sorgfältig balancierten Zweiheit von Politik als Wissenschaft und Politik als Kunst tritt das wissenschaftliche Moment zurück, das technische wird dominierend. Ist der klassische Politikbegriff bestimmt durch die Frage nach den *Zwecken* des Gemeinwesens, so der moderne durch die Frage nach den *Mitteln* zur Durchsetzung seiner Ziele. Schließlich treten auch die Ziele zurück: Politik wird ein rein technisch-instrumentaler Begriff – womit freilich auch ein Rangverlust, eine Verschlechterung des Wortsinnes einhergeht: politisch heißt jetzt auch: listig, verschlagen, skrupellos, eine Bedeutung, die sich seit der frühen Neuzeit belegen läßt.

3. Politik erforschen: wie und zu welchem Ende?

Seit wann ist Politik wissenschaftlich untersucht worden? Die Antwort fällt verschieden aus je nachdem, ob man an die moderne Disziplin der Politikwissenschaft und ihr verfeinertes Instrumentarium denkt oder an die uralte Bemühung der Menschen, politische Erscheinungen mit Mitteln der Analyse oder des Vergleichs theoretisch zu durchdringen und systematisch zu ordnen. Im ersten Sinn ist politische Forschung eine sehr junge Disziplin, die sich im wesentlichen erst im 20. Jahrhundert entfaltet hat; im zweiten Sinn ist sie eine der ältesten Wissenschaften, die bis ins Altertum zurückgeht.

Untersuchungen politischer Einrichtungen fremder Völker und Vergleiche mit eigenen Institutionen – aus historischer Neugier oder politischer Absicht erwachsen – finden sich schon in frühester geschichtlicher Zeit. So enthalten die biblischen Bücher des Alten Testaments, das frühgriechische Epos, die jonische, in Herodot gipfelnde Geschichtsschreibung und ähnliche Schriften eine Fülle von Material über Völker und Staaten des östlichen Mittelmeerraumes; und die reichgegliederte Welt der griechischen und kleinasiatischen Städte bot sich zum vergleichenden Studium politischer Lebens- und Verfassungsformen geradezu an. Doch bleiben diese Schriften noch im Anekdotischen und Erzählerischen, sie entwickeln noch keine Theorie der Politik. Eine formulierte, «rationale Ordnungswissenschaft» (E. Voegelin) der Politik ist erst mit der griechischen Polis der Hoch- und Spätzeit und ihrer Selbsterhellung in der klassischen Philosophie entstanden. Sie hat ihren maßgebenden Ausdruck bei Platon und Aristoteles gefunden und ist von da in mannigfachen Abwandlungen den Römern, dem Mittelalter und der Neuzeit vermittelt worden.

In der Krise der Polis in und nach dem Peloponnesischen Krieg (431–404), die sich am Regime der Dreißig und der restaurierten Demokratie als unüberwindliche Krankheit enthüllt, entwickelt Platon (427–347) – in Auseinandersetzung mit den Machtlehren der Sophisten – eine radikale Kritik der herrschenden politischen Gesinnung. Gegenüber der Befangenheit in Machtpolitik und egozentrischer Selbstbehauptung fordert er ein grundsätzliches Umdenken des Menschen, seine Öffnung gegenüber der in den Ideen auffindbaren Ordnung des Seins und seine Zuwendung zum «Wissen des Guten». Die wahre Aufgabe der Politik liegt nicht in gesetzgeberischer und institutioneller Technik, sondern in der «Sorge um die Seele». In seiner *Politeia* ist das Bild des Staates, der ein Abbild der Seele ist, paradigmatisch in allen Einzelheiten entworfen, bis in die Parallelität von Seelenvermögen und staatlichen Ständen (Erwerbstätige, Weise, Krieger) hinein und bis zum rationalisierten Aufbau der Arbeits- und eugenischen Zuchtordnung. Gegenüber dieser utopischen Konstruktion, deren Realisierung an das Paradox des Philosophen-Königs gebunden bleibt, nähern sich die späteren Werke *(Politikos, Nomoi)* der Wirklichkeit der geschichtlichen Staaten und ihrer Sachstruktur durch eine Fülle rechtlich-institutioneller Bestimmungen an.

Auch bei Aristoteles (384–322) vereinigen sich Ethik und Politik – wenngleich in schärfer individuierter Form – zu einer der praktischen Philosophie eingeordneten «Wissenschaft vom Menschen» *(Eth. Nic. I,5)*, die auch als «politische Wissenschaft» bezeichnet wird. Indem die aristotelische Ethik nach dem Glück (eudaimonia) als höchstem Gut des Menschen fragt und dieses Gut im Unterschied zur theologischen Ethik Platons nicht als unmittelbare «Teilhabe des Guten», sondern als tätige Verwirklichung (praxis) menschlichen Lebens im Werk versteht, rückt die Politik in ein Ergänzungsverhältnis zum ethischen Streben des einzelnen nach Selbstzwecklichkeit und Selbstvollendung: Nur in der Polis kann der Mensch, der als isolierter einzelner nicht zu seiner Menschlichkeit käme, als Mensch leben und sich verwirklichen. (Dies ist der Sinn des Satzes, der Mensch sei ein *phýsei zōon politikón*.) Da sich das Politische aber nur im je einzelnen, geschichtlich Besonderen verwirklicht, legt Aristoteles in seiner Politik nicht den «besten Staat» zugrunde,

sondern knüpft in einer lebensvollen und differen-
zierten Typenlehre an die bestehenden Verfassun-
gen an. Nach der Überlieferung hat er 158 Politei-
ai, von denen nur der *Staat der Athener* erhalten ist,
von seinen Schülern sammeln lassen als Vergleichs-
material für seine *Politik.* Diese baut allenthalben,
die idealistische Konstruktion des platonischen
Staats vermeidend, auf Beobachtung, Vergleich,
Untersuchung des Vorhandenen auf. Von ihren
Lehrstücken haben die Staatsformenlehre und die
zugehörige Lehre von den *stáseis* (Veränderungen)
mit ihrer Unterscheidung von Monarchie, Aristo-
kratie und Politie (= gemäßigter Demokratie) und
den Entartungsformen Tyrannis, Oligarchie, (radikale) Demokratie, sowie die Lehre vom Innehalten
der richtigen Mitte beim Aufbau des Gemeinwesens
(Vermeidung zu großen Reichtums und zu großer
Armut, Schaffung eines starken Mittelstandes) in
der Folgezeit die größte Wirkung geübt.

In der frühchristlichen Tradition wird dann der
immanente Zusammenhang von Ethik und Politik,
der das antike Denken auszeichnet, zunächst gelok-
kert. In Augustins (354–430) Lehre von den «beiden
Bürgerschaften» *(De civitate Dei),* die gegen die sa-
krale Identifizierung von Kult und Politik im römischen Staat gerichtet ist, sind Kirche und politische
Welt nur äußerlich in der *vita socialis sanctorum,* der
irdischen Pilgerexistenz der Christen, verbunden;
deren vorübergehender Charakter schließt jedoch

jede institutionelle Verfestigung und jede Verdichtung des politischen Denkens zu einer Theorie von Staat und politischer Ordnung aus. Dementsprechend geht die Ethik der Kirchenväterzeit und des frühen Mittelalters in theoretischer Metaphysik und Theologie auf, ohne eine selbständige Moralphilosophie oder -theologie zu entwickeln; die politische Theorie kleidet sich in dieser Zeit fast durchweg in die Form der Fürstenspiegel, deren Genus über Isidor von Sevilla auf Augustins Porträt des gerechten Herrschers in *De civitate Dei* zurückgeht.

Erst im 13. Jahrhundert setzt mit der Wiederentdeckung der aristotelischen Schriften ein neuer Aufschwung der ethischen Disziplinen ein, der auch der Politik zugute kommt. Mit ihrer Lehre von der fundamentalen Bedeutung des ökonomisch-politischen Lebensbereichs für die christliche Existenz nähert sich die Scholastik erneut dem antiken politischen Denken. So ist für Thomas von Aquin (um 1224–1275) die aristotelische Erkenntnis von der Sozialnatur des Menschen wie auch die Auffassung der Politik als «höchster praktischer Wissenschaft» verbindlich: das Leben in der Gesellschaft ist nötig *ad exercitium perfectionis;* der Staat hat die Aufgabe, durch geeignete Vorkehrungen dafür zu sorgen, daß die geistige und sittliche Vervollkommnung des Menschen erreicht werden kann, und besitzt hierin eine eigene, von der Kirche unabhängige Würde und Autorität. Da die Staatsgewalt im göttlichen

Gesetz begründet ist, ist der einzelne ihr zu Gehorsam verpflichtet; diese Pflicht erlischt nur, wenn die Macht des Herrschers auf Usurpation beruht oder wenn er Unrechtes gebietet (Widerstandsrecht). Als Verfassungstheoretiker ist Thomas ein Anhänger der gemischten Regierungsformen, da sie den Herrscher an die Mitwirkung von Rat und Volk binden. Hier klingt einerseits der Gedanke der Volkssouveränität an, wie er sich im späteren Mittelalter bei Marsilius und in der konziliaren Theorie entfaltet, andererseits nähert sich Thomas mit seiner Lehre vom positiven Recht, das durch allgemeine Vereinbarung begründet wird, der Idee des Gesellschaftsvertrags, die in der Spätscholastik (Suarez) erstmals formuliert wird und in der neuzeitlichen Staatstheorie ihren Siegeszug antritt.

Mit der Rezeption der aristotelischen Schriften und der Übernahme des peripatetischen Wissenschaftssystems erhält die Lehre der Politik an den europäischen Universitäten seit dem 13. Jahrhundert ihre feste Form: sie wird den Studenten im Rahmen der allgemeinen philosophischen Vorbildung in der Artistenfakultät (der späteren Philosophischen Fakultät) an Hand der Schriften des Aristoteles, Cicero, Augustin und später der Scholastiker vermittelt. Seit dem 16. Jahrhundert verselbständigt sich dann der ethisch-politische Unterricht in Form fester Lehrstühle *(professiones Ethices vel Politices),* die ergänzend neben die theoretisch-philosophischen

treten. Diese Lehrtradition bildet im Abendland bis
zum Ausgang des 18. Jahrhunderts den festen Rahmen wissenschaftlichen Umgangs mit der Politik.
Noch die modernen Bewegungen des Naturrechts
und Völkerrechts, die Souveränitätslehre Bodins
und die ältere kameralistische Wirtschafts- und Verwaltungslehre ordnen sich ihm ein.

Zwei Züge sind es, die sich in der älteren politischen Wissenschaft in Jahrhunderten fast unverän-
dert durchhalten: Einmal fragt diese Wissenschaft
unmittelbar, ja zeitweise ganz ausschließlich nach
den *Zielen* des Politischen, wobei Politik und Ethik
ineinandergreifen; zum anderen kümmert sie sich
nur mittelbar und mit sehr viel schwächerem Interesse um die konkreten *Erscheinungsformen* der Politik. Sie fragt in erster Linie nach dem Telos der Politik und erst in zweiter nach der Phänomenologie.
Wozu dient Politik – dies will sie wissen; die Frage
dagegen, *wie Politik gemacht wird,* wer daran teil hat,
wie die Modalitäten der Machtausübung aussehen,
interessiert sie kaum. Es ist ein Kennzeichen der
neuzeitlichen Entwicklung, daß sich dieses Verhältnis jetzt umzukehren beginnt: vor die Frage nach
dem *Wozu* schiebt sich, immer beherrschender, die
nach dem *Wie* der Politik.

Die modernen Strömungen politischer Theorie
und Praxis, die seit dem 16. Jahrhundert der aristo-
telisch-scholastischen Politik die Alleinherrschaft
streitig machen, entfalten sich vor allem in zwei

Richtungen. Auf der einen Seite entsteht eine – die ältere Einheit von Politik und Ethik auflösende – Machtlehre des Politischen, wie sie klassisch bei Machiavelli formuliert wird und als Element wertfreier «realistischer» Betrachtung die gesamte moderne Politikwissenschaft durchdringt. Auf der andern Seite entwickelt sich eine Lehre vom Staat in seiner modernen Gestalt als «Herrschaftsapparat» – unter Einengung, ja Preisgabe seines älteren Verständnisses als politisches Gemeinwesen *(populus sive res publica)*.

Zwischen diesen beiden Strömungen der auf praktisches Handeln beschränkten Politik im neueren Sinn (Staatsklugheitslehre) und der deskriptiven Staatslehre (Statistik) behauptet die traditionelle Politik zwar noch lange ihren Platz als umfassende Disziplin von Mensch, Gesellschaft, politischer Ordnung. Sie wird jedoch vom 16. Jahrhundert an immer stärker auf das Gebiet des Juristischen abgedrängt (Naturrechts- und Staatsvertragslehren): einmal auf Grund der Kampfstellung gegenüber dem Absolutismus, sodann wegen der mit dem modernen Wissenschaftsbegriff (Bacon, Descartes) einhergehenden Verschiebung der Fragen vom Telos des Staates hin zur Begründung und Rechtfertigung seiner Herrschaft.

Machiavellis Politik (*Il Principe* und *Discorsi*, 1513–1515), nicht zufällig auf dem Boden des politisch zerrissenen spätmittelalterlichen Italien erwachsen, ist ein Ausdruck weit fortgeschrittener staatlicher Desintegration: Sie verabsolutiert den Selbstbehauptungstrieb isolierter politischer Organismen, die sich, geführt von herrischen Gewaltnaturen, in ständig schwankenden Koalitionsverhältnissen mit List, Brutalität und Verrat zu behaupten suchen. Politik schrumpft hier zum technischen Utensil der Machtbehauptung; das Ziel des Wirkens im Staat liegt nicht mehr in der Eudämonie des Bürgers oder in christlicher Tugendübung, sondern im herrischen Selbstgenuß männlicher «virtù». In den zahlreichen und klugen, mehr leidenden als zynischen Anmerkungen Machiavellis zur Pathologie des politischen Lebens kommt nicht eine neue Sicht des Politischen zum Vorschein: neu ist aber die Isolierung der – auch in der älteren Politik stets gesehenen – Kampfseite des Politischen und die sich anbahnende Verbindung mit dem Nationalstaatsgedanken. Trotz der zunächst einhelligen Ablehnung der Gedanken Machiavellis (in Deutschland bis zu Kant!) ist keine moderne Staatslehre von dieser Naturbetrachtung des Politischen unberührt geblieben. Am stärksten wirkt sie nach im neustoischen Humanismus und in der Literatur der *Staatsräson* und der *Arcana Imperii* (16.–18. Jahrhundert). Aber auch die moderne machtstaatliche Historie des 19. Jahrhunderts und die soziologische Auffassung der Politik als Kampf um Machterwerb und Machtbehauptung (M. Weber), als Wissenschaft «Who Gets

21

What, When, How» (H. Lasswell) sind ohne Machiavellis reduzierende Methode, ohne sein anatomisches Präparieren der Machtstrukturen des Politischen nicht zu denken.

Stärker an der konkreten Erscheinung des modernen Staates haftend und weniger am Machtkampf als am Institutionellen (Verwaltung, Regierung) orientiert, hat die moderne, vom Gedanken der *Souveränität* ausgehende Staatslehre der europäischen Staaten des 16. und 17. Jahrhunderts eine vielleicht noch breitere Wirkung geübt als die Politik Machiavellis. Mit dem noch tief in mittelalterlichem Denken wurzelnden Jean Bodin (*Six livres de la République,* 1576) zieht sie die Summe aus dem mittelalterlichen Kampf der Universalgewalten und dem Aufstieg der Nationalstaaten, indem sie eine höchste, alle anderen (zumindest nach innen) ausschließende Staatsgewalt *(summa in cives ac subditos legibus absoluta potestas)* proklamiert. Bei dem Engländer Hobbes (*De Cive,* 1642; *Leviathan,* 1651) wird diese Souveränität dann unter dem Druck der durch Glaubensspaltung und Religionskämpfe verursachten Bürgerkriegssituation zur schrankenlosen Ermächtigung des zum Leviathan gewordenen Staates: dieser steigt als Zwangsschlichter der streitenden Bekenntnisse und Herr über die Gewissen zum obersten Ordner des Gesellschaftslebens auf und wird zum «sterblichen Gott». In den so geschaffenen Rahmen eines von Gehorsamspflicht,

Beamtenethos und sittlicher Pflichtbindung des Herrschers bestimmten Absolutismus fügen sich dann vom 17. Jahrhundert an die modernen Regierungs- und Verwaltungslehren ein. In Spanien und Frankreich stärker nach der Seite des (jetzt verselbständigten und vom gemeinen Recht getrennten) öffentlichen Rechts hinneigend, in den deutschen Territorialstaaten mehr nach Staatswirtschaftslehre, Kameralismus und Polizeiwissenschaft, begleiten diese Wissenschaften in immer reicherer Verzweigung die Entwicklung des modernen Staates von der ständestaatlichen Pluralität zur monopolistisch geschlossenen Betriebsform des Absolutismus. In der Verselbständigung des Staates gegenüber dem politischen Gemeinwesen und des Staatsrechts gegenüber dem gemeinen Recht erwächst hier eine spezifisch kontinentale Sondertradition politischer Lehre und Praxis, ein «Denken aus dem Staat» heraus (A. Müller-Armack), das zur offenen Distanz, zum Messen des Staates an einer über ihm stehenden Ordnung ebenso unfähig ist, wie es sich zur langsam-bedächtigen Reform des Bestehenden in hohem Maße eignet.

Die ältere politische Wissenschaft ist mit diesen Strömungen teils Verbindungen eingegangen (vor allem in Deutschland im Kameralismus und in der «Gesamten Staatswissenschaft» des 18./19. Jahrhunderts), teils hat sie sich – vor allem in den Niederlanden und in England – weiterentwickelt zur naturrechtlichen Vertragstheorie und zur Lehre vom Verfassungsstaat. Vorbereitet ist diese Entwicklung in der spanischen und niederländischen Natur- und Völkerrechtslehre des 16. Jahrhunderts (Vitoria, Grotius), die im Zeitalter der Kolonisierung und der Glaubensspaltung nach einem gemeinsamen Rechtsboden zwischen Christen und Heiden und zwischen den verfeindeten Konfessionen suchte. Sie bot dem überlieferten politischen Denken zahlreiche Ansatzpunkte, wie sich an den naturrechtlichen Politiken von Althusius (*Politica methodice digesta*, 1603) und Pufendorf (*De officio hominis et civis*, 1673) und an der institutionellen Verbindung des Naturrechts mit den Lehrstühlen für Ethik und Politik erweist. Gegenüber dem zu immer strafferer Gewaltkonzentration fortschreitenden modernen Staat bringt diese Lehre zwei wichtige Elemente der Tradition ins Spiel: das Widerstandsrecht und die Auffassung der Herrschaft als einer zweiseitigen Pflichtbindung von Herrscher und Untertanen. In England (und später den USA) hat diese Lehre von der Vertragsnatur des Herrschaftsrechts mit John Lockes *Two Treatises of Government* (1690) in Verbindung mit der Forderung nach Toleranz den älteren patriarchalisch-theokratischen Herrschaftsgedanken überwunden und der Idee des modernen, auf freier Zustimmung und Beteiligung beruhenden und die Gewissensfreiheit respektierenden *civil government* die Bahn gebrochen. In rationalisierter Form begegnet die gleiche Staatsauffassung in Montesquieus monumentalem Werk «*De l'Esprit des Lois*» (1748), der das absolute Königtum an eine aus der Natur der Sache fließende Ratio der Gesetze zurückbinden will, während Rousseaus von abstraktem Freiheitspathos getragene Radikalisierung der Vertragslehre (*Du contrat social,* 1762) deutlich para-absolutistische Züge trägt und Kants Anpassung des Vertragsgedankens an die Tradition des deutschen Beamtenstaates vom Staat nur geistige Autonomie des Individuums, nicht jedoch das Recht politischer Mitgestaltung fordert.

Mit der Verwirklichung des modernen Rechts- und Verfassungsstaates im 18./19. Jahrhundert ist die gestaltende Kraft der europäischen politischen Wissenschaft zunächst erschöpft. Trotz einzelner bedeutender Gestalten fällt sie in England und Frankreich im 19. Jahrhundert zunehmendem Akademismus anheim. Eine Spätblüte bilden die auf dem Boden der politischen Spezialwissenschaften erwachsenen *Politiken* des deutschen 19. Jahrhunderts (Dahlmann, Treitschke, Roscher, Froebel, Sybel) trotz dem Absterben der ethisch-politischen Professuren nach Kant; sie haben, zusammen mit der Organisationsform der politischen Wissenschaften in den Rechts- und Staatswissenschaftlichen Fakultäten, über Francis Lieber einen starken Einfluß auf die junge amerikanische politische Wissenschaft geübt. Im ganzen beginnt aber die moderne politische Wissenschaft erst mit der Erschütterung des bürgerlichen Rechts- und Nationalstaats zu Ende des 19. Jahrhunderts als eigene Disziplin hinter dem Schleier der positiven Rechts-, Wirtschafts- und Geschichtswissenschaft hervorzutreten.

Worin sticht die moderne politische Forschung von der älteren ab? Worin hat sie neues wissenschaftliches Terrain erschlossen? Kann man sagen, daß erst mit dem 20. Jahrhundert die Zeit methodischer Erforschung der Politik gekommen ist, während die traditionellen Verfahren in ein vorkritisches Stadium gehören? Oder wiederholt auch die moderne Disziplin nur – wenn auch in verfeinerter Form – die Fragen und Aporien der älteren Wissenschaft, mit denen sich schon ein Platon und ein Cicero auseinandersetzten?

Ja und nein. Gewiß, es fiele einem Wissenschaftshistoriker nicht schwer, in einem Buch wie *The Making of the President,* das die Präsidentschaftskampagne Kennedys schildert, die moderne verfeinerte Variante einer machiavellischen «Kunstlehre des Politischen» zu erkennen; und die komplizierten Systeme, die Spiel- und Entscheidungstheorien, mit denen man die heutige Wirklichkeit der internationalen Beziehungen zu erfassen versucht, wiederholen auf ihre Weise nur das, was die europäische Literatur des Gleichgewichts und der Balance der Mächte im 17. Jahrhundert bereits entfaltet hatte. In der Analyse konkreter Regierungsprozesse sind wir heute gewiß detaillierter und genauer als die Berichte eng-

26

lischer und französischer Reisender des 18. Jahrhunderts; aber Montesquieus Schilderung der englischen politischen Verhältnisse – so viel die spätere Kritik an Unstimmigkeiten darin gefunden hat – ist trotz allem ein klassisches Beispiel der Darstellung und Deutung eines fremden Regierungssystems. Und ob die professionelle Sowjetologie von heute eine so geistvolle, Inneres und Äußeres in eins fassende Darstellung eines despotischen Staates aufzuweisen hat wie Voltaires und Mirabeaus preußische Reiseberichte aus dem 18. Jahrhundert, mag eine offene Frage bleiben. Doch vergleichen wir hier vielleicht zu sehr mit literarischen Maßstäben. Literarisch fällt in der Tat die moderne politische Wissenschaft gegenüber der älteren deutlich ab. Aber wir vergessen, daß Kontinuität und Vergleichbarkeit nur beim schriftstellerischen Genus vorliegt, daß aber die Methode der modernen politischen Forschung sich von der älteren Politikwissenschaft durch wesentliche Züge unterscheidet: einmal durch die umfassende Quantifizierung, sodann durch die Konzentration der Fragestellung auf den *Grund,* nicht mehr auf das *Ziel* politischer Handlungen; endlich durch den Verzicht – oder doch die vorläufige Suspension – der Wertfragen, die jetzt an den Rand des wissenschaftlichen Interesses rücken.

a) Die Quantifizierung ist ein Vorgang, der heute alle Bereiche der Sozialwissenschaften erfaßt hat. Darin liegt der Unterschied zur älteren Forschung, in der man gewiß auch einmal statistische Methoden verwendete, in der man aber nicht darauf ausging, das untersuchte Objekt nach allen Seiten hin größenmäßig zu analysieren. Wirken dort Kurven, Statistiken und Mengenangaben, wo sie auftauchen, als eine Zugabe, die den Gedanken verdeutlicht, die notfalls aber auch entbehrlich wäre, so hat die moderne Politikwissenschaft – analog zur modernen Wirtschaftswissenschaft – die Tendenz, die Zahlen und Quantitäten in den Vordergrund zu rücken und das Wort nur als Verdeutlichung hinterherzuschikken. Neueste Arbeiten nähern sich bereits einer Formel- und Zeichensprache an, die der verbalisierenden Übersetzung nicht mehr zu bedürfen scheint.

Ein lehrreiches Beispiel für diese Tendenz ist die Untersuchung parlamentarischer Wahlen. In der älteren Forschung liegt der Nachdruck auf der Untersuchung des Systems. Man diskutiert die Vorzüge und Schwächen der einzelnen Wahlverfahren, des Proportionswahlrechts, des absoluten oder relativen Mehrheitswahlrechts, man stellt Betrachtungen an über den Zusammenhang mit der Verfassung und mit dem demokratischen Prozeß im ganzen. In dieser Art sind die Betrachtungen Max Webers über die Wahlrechtsfrage zu Beginn der Weimarer Republik gehalten, und noch moderne Untersuchungen wie die von Hermens und Duverger nehmen ihren Ausgang von institutionellen Frage-Interessen, so etwa, wenn nach dem Zusammenhang von Wahlverfahren, Parteiensystem und politischer Stabilität oder Unstabilität eines Gemeinwesens gefragt wird. Später verlagert sich das Interesse auf das Wahlverhalten der Bevölkerung, wobei das System als solches nicht mehr untersucht wird: Man fragt, wie dies zuerst André Siegfried tat, nach den das Wahlverhalten begründenden sozialen und geographischen Faktoren, sucht Konstanten und Variable im Wahlgeschehen zu unterscheiden, bildet Relationen zwischen Beruf, Alter, Geschlecht, Konfession und Wahlentscheidung, um schließlich den gesamten Prozeß nach Faktoren zu analysieren. Endlich schaffen Kleingruppenanalysen, die Bildung repräsentativer Bevölkerungsquerschnitte und Methoden systematischer Befragung die Möglichkeit, den Wahlvorgang in allen seinen Elementen zu analysieren und sogar den Wahlausgang vorauszuschätzen: Die quantifizierenden Methoden durchdringen den gesamten Untersuchungsbereich und lassen die älteren, von Hypothesen und Mutmaßungen durchwirkten Untersuchungen als veraltet erscheinen.

b) Die Entwicklung der Forschung in diesem Bereich ist noch in einer andern Hinsicht bemerkenswert, und das führt uns auf unsern zweiten Punkt: die Konzentration der wissenschaftlichen Fragestellung auf die *Ursachen* politischer Handlungen. In der älteren politischen Wissenschaft hätte diese Frage gar nicht interessiert. Aus welchen Gründen, welchen Bedürfnissen und Stimmungen man sich in der

Politik so oder so entschied, hielt man für weit weniger untersuchungswürdig als die andere Frage: ob man sich nämlich mit dieser Entscheidung für etwas Gutes oder für etwas weniger Gutes entschieden hatte. Mit andern Worten: die Ziele interessierten, das Worumwillen der Politik – nicht die physischen oder psychischen Gründe, die für die Entscheidung maßgebend sein mochten. Das ist in der modernen Forschung gänzlich anders geworden. Sie ist in einem zugespitzten Sinn Verhaltensforschung geworden. Sie will nicht wissen (wenigstens nicht in erster Linie), *wozu* sich Menschen entscheiden, welche *Ziele* sie damit verfolgen, sondern sie fragt in erster Linie nach den Gründen, aus denen sie sich so oder so verhalten. Das bedeutet, daß die Frage nach dem Richtig oder Falsch zunächst einmal suspendiert wird; was interessiert, sind allein die Motivationen. Methodologisch ist das durchaus begreiflich, denn nur bei den Motivationen kann man quantifizierende und wertfreie Forschungsmethoden einsetzen, während die Frage nach den Zielen und ihrem Wertgewicht uns sogleich in eine Debatte über den Sinn des Politischen verwickelt, die auf dem Boden empirisch-sozialwissenschaftlicher Methoden nicht allein entscheidbar ist.

Man könnte auch diesen Zug der Wissenschaftsentwicklung an vielen Beispielen deutlich machen. So ist es charakteristisch, daß die moderne Parteitheorie, je mehr sie sich quantitativen Methoden aufgeschlossen hat, die Frage des Zwecks einer politischen Partei hintangestellt hat zugunsten der Untersuchung des Verhaltens der Parteimitglieder und der politischen Führer. So sind die Fragen der Kandidatenaufstellung, der Führerauswahl und der innerparteilichen Entscheidungsmechanismen in den Vordergrund getreten und werden in einer breiten Literatur nach allen Seiten erörtert.

c) Und dies alles – Quantifizierung und Reduktion auf kausale Erkenntnis – vollzieht sich vor einem Horizont, in dem prinzipiell Politik als deutungsfrei gegebenes Material der Untersuchung angesetzt wird, nicht anders als untersuche man Gegenstände der physischen Natur oder Bewegungen im Tierreich. Zumindest muß von den großen und typischen Leistungen der modernen politischen Wissenschaft gesagt werden, daß sie so verfahren: daß also die Frage nach dem Richtig oder Falsch, Gut oder Böse des Politischen jenseits der Untersuchung bleibt als eine Frage, die nicht mehr der Wissenschaft, sondern dem Gewissen oder dem subjektiven Geschmack angehört, jedenfalls aber, wie es Max Weber formuliert hat, «in einer anderen Ebene des Geistes liegt».

So gesehen, scheint die moderne politische Forschung ihre methodische Schärfe und empirische Aussagekraft paradoxerweise gerade einer Einschränkung ihrer Fragestellung zu verdanken. Sie operiert mit gesteigerter Wissenschaftlichkeit in ei-

31

nem reduzierten Arbeitsfeld. In ihrem rationalen Universum hat die Frage nach den Zwecken der Politik – den Zwecken schlechthin, nicht der Relation von Zwecken und Mitteln – ebensowenig Platz wie die Frage nach dem guten Leben und dem Bild des Bürgers und des Staatsmanns. Darin liegt ihre methodische Stärke, aber auch ihre erzieherische Schwäche; denn in einem Jahrhundert, in dem totalitäre Systeme den Menschen unmittelbar mit dem Problem der politischen Ordnung konfrontieren und in dem seine Existenz durch Massenvernichtungsmittel physisch vernichtet werden kann, wird man methodische Genauigkeit bei gleichzeitiger Reduzierung des Fragehorizontes nicht unbedingt als eine fortschrittliche Lösung empfinden. Vielmehr stellt sich heute die alte, zuerst von Thomas formulierte Frage in neuer Gestalt: ob es nicht wichtiger sei, in großen Dingen weniges zu wissen, als in den kleinen alles. Solange diese Frage nicht geklärt ist, wird man nicht entscheiden können, ob die ältere Form politischer Forschung mit der jüngsten Entwicklung überholt ist oder nicht – und so muß auch die Eingangsfrage offen bleiben, ob politische Forschung eine *junge* oder nicht vielmehr eine sehr *alte* Tätigkeit des Menschen ist.

4. Recht und Politik –
   echte und falsche Alternativen

«Juristen – böse Christen.» «Ein garstig Lied! Pfui! Ein politisch Lied!» – so unfreundlich schallt es seit *Luthers* und *Goethes* Tagen hinter Juristen und Politikern her. Und es gibt noch schrillere Töne. Zwistspinner, Zwietrachtwirker, falsche Gesellen oder schlichte Narren – so erscheinen die Politiker seit der frühen Neuzeit im Sprichwort und in der Literatur. Aber auch die Juristen kommen nicht viel besser weg: «Jurgisten», «Eselisten», Wortklauber, Rechtsverdreher – die Liste unfreundlicher Kennzeichnungen ließe sich verlängern. *Logau* vergleicht die Juristen mit den Schustern: wie diese das Leder, dehnen jene die Rechte. Und auf die Frage: «Was heißt politisch sein?» gibt er die ungalante Antwort: «...verdeckt im Strauche liegen, fein zierlich führen um und höflich dann betriegen» (Deutsches Wörterbuch von Jacob und Wilhelm *Grimm,* Neuausgabe München 1984, Art. Jurist, Politiker). Kein Zweifel: *politisch,* das heißt über lange Strecken unserer Geschichte soviel wie listig, verschlagen, unehrlich, ja betrügerisch – und ist es für viele wohl auch heute noch. Und *juristisch,* das läßt die meisten an unerfreuliche Dinge denken, an Kniffe, Winkelzüge, Rechthaberei, an Rabulistik und Volksferne.

Ich führe hier Juristen und Politiker als Objekte öffentlicher Kritik bewußt gemeinsam vor (wie es auch der Volksmund und die Literatur tun), um gleich zu Anfang einen bequemen Ausweg zu versperren: daß sich nämlich die einen auf Kosten der anderen herausreden, entlasten oder profilieren. Das ist zwar angesichts gemeinsamer Anfechtungen eine verständliche und verzeihliche Reaktion: Von altersher haben Juristen den Politikern Machtsucht oder Schwäche, Übermut oder Wankelmut vorgehalten – und ebenso haben sich die Politiker immer wieder gegen juristische «Zwirnsfäden», starre Gesetzesauslegung, übermäßige Rechtskontrollen gewehrt. Genutzt haben diese Schattenkämpfe und Schuldzuweisungen freilich weder den einen noch den anderen. Der Volksmund läßt sich nun einmal von vorgefaßten Meinungen nur schwer abbringen. Er hält an gewohnten Bildern fest, auch wenn es Zerrbilder sind. So ist das öffentliche Image von Politikern wie Juristen bis heute prekär, und beide müssen damit leben. Ausnahmen sind selten: einzig der Rechtsprofessor – ein veredelter Jurist und weiter weg vom Schuß als der Richter oder Anwalt – entgeht gemeinhin dem Verdikt der Öffentlichkeit; und auch dem gewesenen Politiker, der nicht mehr im Vordergrund agiert, wächst gelegentlich der Nimbus des unparteiischen *ombudsman* zu; ansonsten gilt, daß die Mitwelt beiden, dem Juristen und dem Politiker, keine Kränze flicht.

Das mag nun vielen Betroffenen als Einseitigkeit und verletzender Undank erscheinen. Aber es ist doch historisch-psychologisch leicht erklärlich. Mit dem Juristen, mit dem Politiker, allgemeiner gesprochen: mit Recht und Politik als Beruf beginnt der moderne Staat. Dieser löst sich vom Herkommen, er tritt heraus aus alten Gewohnheiten, aus der nur mäßig bewegten Welt des gemeinen Rechts. Er wird zur Institution – objektiv, unpersönlich, abgehoben vom Früheren. Überliefertes wird jetzt in Frage gestellt, die Ordnung des Gemeinwesens ist nicht mehr vorgegeben, sie herzustellen wird Auftrag und Aufgabe spezifischer Berufsstände, die dafür besonders gerüstet und ausgestattet sind – eben der Juristen und Politiker. Es ist ein Vorgang der Objektivierung und Professionalisierung, der Loslösung vom Erlebbar-Unmittelbaren, der Hinwendung zu Sachstrukturen – und wie revolutionär er war, sehen wir heute, da der größte Teil der Welt ihn mühselig und oft glücklos zu wiederholen versucht. Nicht nur in den Entwicklungsländern, auch in den klassischen Ländern des modernen Staates ist der Prozeß bis heute keineswegs ans Ende gelangt, ja es scheint, daß sich hier in jüngster Zeit neue unerwartete Entwicklungen abzeichnen. Darauf deuten nicht nur die westlichen Debatten über Gewaltmonopol und Friedensordnung, Partizipation und Widerstand hin, sondern auch die östlichen über Transparenz und Umbau. Bei sehr verschiedenen Ausgangspunkten geht es doch um ähnliche Probleme: um die Vermittlung von Institutionellem und Persönlichem, um den Ausgleich von Sachstruktur und Subjektivität, letztlich um das Verhältnis von Staat und Bürger.

Jedenfalls: Die Institutionalisierung und Professionalisierung von Politik und Recht hat nicht nur eine gewaltige Dynamik mit unabsehbaren Entwicklungen, Fortschritten, Sprüngen nach vorn geschaffen. Sie hat auch ein Krisenpotential entstehen lassen. Nicht nur die Leistungen steigern sich im modernen Staat, es wachsen auch die Entfremdungssymptome. Heute rückt diese andere Seite des Fortschritts deutlicher in den Blick – deutlicher als zu der Zeit, in welcher der staatliche Rechts- und Friedensraum ein allseits akzeptierter Ordnungsrahmen für die neuzeitliche Individualität und Selbstentfaltung war. Juristen und Politiker erleben heute stellvertretend das Dilemma, das Professionalität in der modernen Welt bedeutet: einerseits Zugang zu haben zu den Schalthebeln, Sachstrukturen, machthabenden Allgemeinheiten – andererseits die Kritik derer auf sich zu ziehen, die sich ausgeschlossen fühlen. Und deren Zahl wächst rasch: Wer fühlt sich nicht irgendwo, irgendwann ausgeschlossen, übergangen in einer Welt der universellen «Betroffenheit»? Wer hat noch den Überblick angesichts unendlicher Informationsfluten, angesichts der Beklemmungen durch die «neue Unübersichtlich-

keit»? So verbreitet sich heute ein Ruf nach Unmittelbarkeit, Selbstvergewisserung, Bei-sich-Sein –
ein ultrakonkreter Realismus entwickelt sich mit
spontanen Reaktionen, mit der Neigung zu Nah-
Sicht, Gier und Ungeduld. Kein Zweifel, viele Zeit-
genossen lieben das Vermittelte, Abgeleitete nicht,
das zum neuzeitlichen Leben gehört – nicht die re-
präsentative Demokratie mit ihren Umständlich-
keiten und Übersetzungen, nicht das komplizierte
Recht mit seiner Verfahrens-Mühsal und seiner Lo-
seblatt-Flut. Sie wollen alles unmittelbarer, näher,
direkter – und sie wollen es vor allem in eigener
Vollmacht und Selbstbestimmung. Sie reagieren al-
lergisch, wenn andere für sie handeln. Das empfinden sie schlicht als Zumutung. Schwierige Zeiten
also für Juristen und Politiker, für die ja solches
«Handeln für andere» ein berufstypisches Signum
ist. Wen wundert es, daß beide heute vielen lästig
sind?

Nun könnte man denken, der staatliche Neubeginn
nach 1945 habe zu einer stärkeren Präsenz von Recht
und Politik im Alltag geführt, Recht und Politik
seien lebensnäher, erfahrbarer, wirkungskräftiger
geworden. Der Rechtsstaat throne nicht mehr in der
entrückten Sphäre einer fernen Geltung – er sei in
der Verfassung der Bundesrepublik Deutschland gewissermaßen zum Hausgenossen geworden, kon-
kret zuhanden, verfügbar, eine Sache «zum Anfas-

sen». Von daher müßten wir sowohl gegen die neue Unübersichtlichkeit wie gegen die neue Unmittelbarkeit gewappnet sein. Sind wir es wirklich?

In der Tat: Es beeindruckt den Betrachter noch heute, mit welcher Entschiedenheit damals, nach NS-Zeit und Krieg, der Mensch und das Recht in den Mittelpunkt aller Bemühungen um einen politischen Neuanfang gestellt wurde. Vermenschlichung des Staates, nicht Verstaatlichung des Menschen, so lautete die Parole. Das hatte nach dem schaurigen Mißbrauch staatlicher Macht im Dritten Reich etwas unmittelbar Einleuchtendes. Es entsprach auch dem – im Vergleich zu 1919 – erheblich kleiner gewordenen Radius, dem geringeren Spielraum deutscher Politik. Die machtstaatlichen Traditionen unserer Geschichte schienen für lange Zeiten diskreditiert. Politik in einem größeren, gar internationalen Rahmen war auf Jahre, ja Jahrzehnte unmöglich geworden. Unter der Kuratel der Besatzungsmächte war man zurückgeworfen auf kleinräumige Übungsfelder, auf städtische und landschaftliche Traditionen – auf eine Art politischer Lokalvernunft. Ohnehin stand die Sorge ums Leben und Überleben, um Nahrung, Wohnung, Kleidung, um das Schicksal der Heimkehrer, der Flüchtlinge und Heimatvertriebenen, der Ausgebombten ganz im Vordergrund der Politik. Politik war vor allem Krisenbewältigung, Lastenverteilung, Verwaltung der Kriegsfolgen. Was lag näher, als daß man in dieser Lage auf gemeindliche, städtische, regionale Überlieferungen zurückgriff? Das Wort von einer Deutschen Eidgenossenschaft ging um, und keineswegs nur im Süden und Südwesten. Reformtraditionen wurden beschworen. Der Freiherr vom Stein war damals gegenwärtiger als Maria Theresia, Friedrich der Große oder Bismarck. Es war nicht falsch, daß einer aus der großen Reihe deutscher Bürgermeister, Konrad Adenauer, 1949 an die Spitze der Regierung trat.

Dies war die zeitgeschichtliche Umgebung, in welcher der Gedanke Form gewann, Staat und Recht aufs engste zu verbinden, den Staat selbst auf das Recht zu gründen, so wie es der süddeutsche Konstitutionalismus – *Rotteck* – mehr als hundert Jahre zuvor in programmatischer Radikalität gefordert hatte. Der Staat sollte zum Treuhänder seiner Bürger werden – zu ihrem Rechtsbeistand, ihrem «Rechtsanwalt». Das bedeutete nicht nur, daß die Grundrechte in der Verfassung neue Bedeutung und konkrete Geltung erhielten und daß die rechtsprechende Gewalt auf allen Ebenen gestärkt wurde – es bedeutete vor allem, daß der Rechtsschutz im öffentlichen Recht erweitert wurde wie nie zuvor in der deutschen Verfassungsgeschichte. Keine Rede mehr von Arkanssphären des Staates, gerichtsfreien Hoheitsakten, politischen Fragen – ganz und ungeteilt wurde mit Art. 19 Abs. 4 GG der Rechtsweg gegenüber Staatseingriffen eröffnet. Das hieß nichts anderes, als daß nunmehr – mit deutscher Grundsätzlichkeit – staatliche Gewalt sich rechtlich vor den Bürgern auszuweisen hatte. Die Bundesrepublik Deutschland wurde somit nicht einfach nur Rechtsstaat im überlieferten Sinn, sie wurde mit innerer Konsequenz Justizstaat, Rechtswegestaat. Dies war ein Vorgang von beträchtlicher Tragweite. In einem Moratorium der Staatsgeschichte war das Recht selbst zur politischen Substanz des Gemeinwesens geworden.

Es ist von heute her gesehen nicht erstaunlich, daß dieses kühne Programm nicht bis zum letzten Rest verwirklicht werden konnte, daß manches davon später abgedämpft, begradigt, zurückgeholt werden mußte. Erstaunlich ist vielmehr, *wieviel* sich bewährt und gehalten hat, wieviel inzwischen ganz selbstverständlich in den politischen Konsens eingegangen ist. Dies gilt vor allem für die Ausgestaltung der Grundrechte. Hier hat man mit Recht von einer kopernikanischen Wende gegenüber der Zeit des Rechtspositivismus gesprochen. Fragte früher der Jurist zuerst nach den Grenzen der Grundrechte, so fragte er nun nach ihrem Inhalt; die Grundrechte begannen das Grundgesetz zu regieren, sein Verständnis zu steuern – nicht umgekehrt. Theorie und Rechtsprechung dehnten die faktische Geltung der Grundrechte in die Breite und Tiefe so aus, wie es unter den Bedingungen unserer enger zusammenrückenden Gesellschaft überhaupt nur denkbar und möglich war. Die formalen Sicherungen der Freiheit wurden verstärkt. Um der Freiheit willen wurde der Freiheitsspielraum des einzelnen bewußt weit gezogen, was bedeutete, daß man auch die Möglichkeit des Mißbrauchs in Kauf nahm. Vor allem die Rechtsprechung der obersten Bundesgerichte über Menschenwürde, Persönlichkeitsentfaltung, Meinungsfreiheit und Eigentum war bemüht, den Bürgern einen unantastbaren Bereich menschlicher Freiheit zu sichern, welcher der Einwirkung des Staates entzogen war.

Ähnlich bedeutsam war die Eröffnung des Rechtsweges gegen Akte der öffentlichen Gewalt. Hier wurde der neue Rang des Rechts gegenüber der Politik ganz augenfällig. Die psychologische Wirkung war abzusehen. In einem Staat zu leben, mit dem man sich auseinandersetzen, den man notfalls verklagen konnte – das war eine andere Geschäftsgrundlage für den Bürger als die alte Haltung des leidenden Gehorsams, des «Dulde und liquidiere!» im Verwaltungsstaat. In Verbindung mit der nach 1945 eingeführten Generalklausel für die Verwaltungsgerichtsbarkeit hat diese Bestimmung das Verhältnis des einzelnen zur staatlichen Gewalt nachhaltig verändert. Der Rechtsschutz ist in den vergangenen Jahrzehnten rasch in die letzten «Inseln» der klassischen Verwaltung, langsamer freilich in die Sphären neuer wissenschaftlicher und gesellschaftlicher Machtbildung vorgedrungen.

Endlich die Verfassungsgerichtsbarkeit! Sie ist

geradezu zum Paradebeispiel geworden für den beeindruckenden und fast beängstigenden Erfolg des Rechts im System der Bundesrepublik. Nicht nur, daß das Bundesverfassungsgericht den Vorrang des Grundgesetzes in der Rechtsordnung befestigt, die Bedeutung der Grundrechte für die Gesetzgebung herausgearbeitet, streitige politische Grundsatzfragen einer Lösung zugeführt und so die Verfassung weiterentwickelt hat – es hat auch bewiesen, daß ein Instrument der Justiz, ohne seine politische Herkunft und seine Legitimation durch den Gesetzgeber zu verleugnen, sich gegenüber dem Gesetzgeber Respekt verschaffen kann. Schiedsrichterlich den politischen Prozeß begleitend, bringt das Bundesverfassungsgericht schon durch seine Existenz die Souveränität des Rechts gegenüber der Politik zum Ausdruck. Dies freilich nicht aus eigener Machtvollkommenheit, sondern weil die Verfassung es so verfügt hat; denn vergessen wir nicht: das Recht kann die Politik nur kontrollieren, wenn die Politik bereit ist, sich kontrollieren zu lassen.

Soweit die positive Bilanz. Sie ist beeindruckend und läßt die Rede vom «restaurativen Charakter» der Zweiten Republik als neidige Fabel erscheinen. Doch darf darüber die Kehrseite nicht vergessen werden. Die überwältigende Dominanz des Rechts im politischen Prozeß, das Hervortreten des «handelnden Rechts» hat auch Probleme geschaffen, die heute deutlicher werden als 1949. Überraschenderweise ist ja die Akzeptanz des Rechts in der heutigen Bundesrepublik Deutschland ein nicht geringeres Problem als die Akzeptanz der Politik – ein Beweis dafür, daß Recht die Politik nicht einfach entlasten, schon gar nicht sie ersetzen kann.

Ich denke bei den kritischen Punkten nicht in erster Linie an organisatorische Dinge, an Fragen der Technik, der Quantität und Qualität. Widersprüche gibt es da gewiß genug. So wünschten die Schöpfer des Grundgesetzes einen neuen, qualifizierten Richter – doch die Garantie des lückenlosen Rechtsschutzes führte zu einer Richtervermehrung, die dieses Konzept, zum Teil wenigstens, wieder zunichte machte. So wollte die Verfassung das Recht, den Richter in ihrer neuen Qualität herausheben und stärken – doch de facto sitzt dieser Richter in sechs verschiedenen Zweigen der Gerichtsbarkeit (mit durchaus unterschiedlich ausgeprägten Beziehungen zu Legislative und Exekutive!) – ein geschlossenes Richterbild konnte so wohl kaum entstehen. Endlich ist die gewaltige Vermehrung des Rechts nicht ohne Einfluß auf die Qualität geblieben – Logik und Widerspruchsfreiheit geraten bei so hoher Mobilisierung und Abnutzung leicht in Bedrängnis. Noch anderes wird in der Öffentlichkeit seit Jahren diskutiert und kritisiert – die Schwerfälligkeit der Justiz, die Dauer der Verfahren, die sprichwörtliche «lange Bank», die fehlende Bürgernähe, die mangelnde Verständlichkeit.

Ich will den Chor der Klagen nicht verstärken, schon deswegen nicht, weil niemand, weder ein Politiker noch ein Jurist, ein einfaches und wirksames rechtspolitisches Rezept gegen diese Mängel zur Hand hat. Handelt es sich doch um eine Dialektik, die mit jenem schon erwähnten allzu gründlichen Erfolg des Rechts in unserer politischen Ordnung zusammenhängt. Wer dem Recht mehr zutraut als der Politik – und dafür gab es 1945 gewiß wichtige Gründe –, der muß sich nicht wundern, daß dieses Recht – mit allen Mitteln favorisiert, öffentlich gestützt, belobigt und ermuntert – sich auszudehnen und zu vermehren beginnt, bis es schließlich alle Lebensbereiche umschlungen und durchdrungen hat. Von der Wohltat der Rechtssicherheit bis zur Plage der Verrechtlichung ist es dann nur noch ein kleiner Schritt. Und bis heute ist guter Rat teuer, wie hier vernünftige Abhilfe zu schaffen sei.

Doch damit bewegen wir uns erst im Vorhof der Probleme zwischen Recht und Politik. Zentraler, freilich noch schwieriger, sind weitere Fragen. Wie kann man Verwaltungen mit Mitteln des Rechts kontrollieren, ohne sie zu entmündigen? Wo liegt die angemessene Kontrolldichte? Welche indirekten Wirkungen hat die Verwaltungs- und Verfassungsgerichtsbarkeit für das Handeln von Exekutive und Legislative? Wir haben in unserer Geschichte wenig Erfahrungen mit einem System der Gewaltenteilung, in dem die *Gerichtsbarkeit* dominiert. Im

Kaiserreich war die Exekutive übermächtig ausgestattet, in der Weimarer Republik das Parlament. Was bedeutet aber «handelndes Recht» im Verbund mit altüberlieferten Handlungsmächten, der gesetzgebenden und der vollziehenden Gewalt?

Glücklicherweise kann man über Fragen des richtigen Maßes, der vernünftigen und wirksamen Kontrolle der Verwaltung heute wieder unbefangener diskutieren als noch vor zehn Jahren. Vorbei sind die Zeiten, in denen manche Richter mit wahrem Kreuzzugsgeist auf das losfuhren, was sie für die letzten noch nicht eroberten Bastionen ungebundener Entscheidungsgewalt hielten. Die gestaltende, nicht nur vollziehende Rolle der Verwaltung ist heute, im Zeitalter neuer und wachsender staatlicher Aufgaben, nicht mehr ernstlich umstritten. Oder doch? Wirkt ein altes Mißtrauen gegen Energie und Tatkraft, gegen schwer berechenbare Initiativen, gegen die Kraftentfaltung der Exekutive noch nach? Hat es sich neuerlich mit einer – durchaus im Zeitgeist liegenden – konservativen Abneigung gegen Planung und Vorausberechnung, gegen vorsorgendes Krisenmanagement verbunden? Ganz gelassen, nüchtern und ressentimentfrei ist die Diskussion zwischen den Vertretern der drei Gewalten offenbar noch immer nicht, auch wenn sie sich gegenüber den siebziger Jahren deutlich entspannt hat.

Dem Juristen, der Rechtskontrolle übt, ist Verwaltung vor allem Gesetzesvollzug. (Für manchen jüngeren Juristen erschöpft sie sich sogar darin!) Das ist begreiflich, kann doch rechtliche Kontrolle nur auf Grund einer solchen Reduktion erfolgreich angesetzt werden: Ein Verwalten, das von Rechtsregeln frei wäre, ließe sich höchstens moralisch oder technisch, unter ethischen oder Zweckmäßigkeitsgesichtspunkten würdigen, nicht aber *rechtlich* überprüfen und kontrollieren. Doch was für den kontrollierenden Juristen verständlich ist oder hingehen mag, wird für den Menschen der Verwaltung zum Problem. Denn wenn er die Optik des kontrollierenden Juristen übernimmt, schlüpft er aus seiner Rolle: sein Platz wird frei, sein Part bleibt ungespielt. Seine Orientierung ändert sich: statt nach vorn zu blicken, blickt er zurück, statt sich die richtige Lösung vom Problem vorgeben zu lassen, sucht er nach Vorgängen in der Vergangenheit. An die Stelle der erfinderischen Klugheit, der weiterführenden Tat tritt das Nachgetane – das verwaltungsmäßige Da capo, die phantasiearme Repetition. Im Zweifel gibt die letzte Verwaltungsgerichtsentscheidung den dürftigen Spielraum für das Handeln ab – wenn es denn wider Erwarten doch noch nötig werden sollte. So kann man natürlich Krisen nicht meistern oder abschneiden, man befördert sie vielmehr.

Vielleicht sehe ich die Dinge zu pessimistisch, vielleicht bin ich befangen aus früherer Tätigkeit – mir scheint jedenfalls, daß hier eine Schwäche jener Art von Gewaltenteilung liegt, die sich bei uns in den vergangenen Jahrzehnten eingespielt hat. Ein Geist der Vorsicht, der Ängstlichkeit, der Rückversicherung hat sich zumindest in Teilen der deutschen Verwaltung ausgebreitet – ein Geist, der in deutlichem Widerspruch zu ihren Traditionen steht. Erich Kaufmann, lebte er noch und hätte er noch einmal seinen Artikel «Verwaltung, Verwaltungsrecht» zu schreiben, würde sich wundern, wie wenig heute übriggeblieben ist von der erschließenden, initiierenden, entwickelnden Kraft, die früher einmal die große Stärke der Verwaltung war.

Das liegt nun gewiß nicht allein an der stärkeren Regularisierung, am dichteren Umstelltsein durch Rechtskontrollen – es ist auch die Schuld einer zunehmenden beklagenswerten Parteipolitisierung der Verwaltung. Mit unserem Thema hat das viel zu tun. Früher waren Verwaltung und Justiz natürliche Verbündete – sie balancierten als ein Element der Kontinuität den mächtigen, aber wechselnden Willen der Regierungen und Parlamente aus. Heute sind sie von der Verfassung in einen kompetitiven Wettstreit um die «Rechtsverwirklichung» verwickelt, sie sind Konkurrenten und stützen einander nicht mehr so selbstverständlich wie früher. Derweil hält sich die gleichfalls gezähmte, in Regularien eingebundene politische Führung an der Verwaltung schadlos. Das lange Zeit produktive Spannungsverhältnis von Regierung und Verwaltung, politischer Direktive und fachlicher Sicherung weicht immer mehr einem System des Gleichtakts. Und noch weitergehende Veränderungen bahnen sich im Verhältnis von Legislative und Judikative an – Gerichte nehmen die Rechtsfortbildung in eigene Regie, es kommt zu ungewöhnlichen, an ältere Verfassungsstufen erinnernde Direktbeziehungen zwischen der Justiz und den gesellschaftlichen Kräften (vor allem den Sozialpartnern), ohne die auswählende, steuernde Kraft *legislativer Zielbestimmungen.* Zumindest im Bereich des Arbeitsrechts ist die Abdankung des Gesetzgebers schon sehr weit fortgeschritten – er hat nur die Kapitulationsurkunde noch nicht unterschrieben, aber die Weiße Flagge liegt schon bereit.

So hat die Bilanz des «handelnden Rechts» ihre Licht- wie Schattenseiten. Kein Problem ist ja mit einer großen Reform – und das Grundgesetz war wahrlich eine! – ein für allemal gelöst. Die Macht des Rechts zu stärken war sicher eines der sympathischsten Unternehmen in unserer von nicht viel Licht erhellten internationalen Staatenwelt. Doch ist damit nun einmal keine politische Lebensversicherung für alle denkbaren Entwicklungen und Krisen verbunden.

Das berührt ein grundsätzliches Problem. Alles Recht ist Regel, ist Berechenbarkeit. Es ist Feststellen und Festmachen auf Grund vorausliegender Gegebenheiten. Das unberechenbar auftauchende Neue wird einem berechenbaren Grunde zugeordnet – es wird eingefangen in ein Meß- und Beobachtungssystem, ähnlich wie eine Flugbewegung auf einem Bildschirm. Diese normative Vermessung ist kein l'art pour l'art, sondern ein Stück humaner Selbstvergewisserung. Sie erlaubt es, mit den Sprüngen der Zeit und den Schrecken des Zufalls fertig zu werden – wenigstens eine Zeitlang und ein Stück weit.

Dem Recht gelingt es jedoch nur dann, Neues ans Gewohnte anzubinden, wenn das Neue nicht gänzlich neu und ohne Vorgang ist, wenn in ihm (zumindest auch) Bekanntes und Gewohntes durchscheint. Das Präzedenzlose geht nur schwer in Rechtsregeln ein. So hat die in leidlichem Gleichtakt sich bewegende Welt des Rechts die unregelmäßigen Stöße der Politik nie völlig in sich aufnehmen können. Immer wieder haben geschichtliche Einbrüche die Kontinuität der Rechtsgeltung zerstört und riesige Kodifikationen zu Makulatur werden lassen. Der Anziehungskraft des Rechts als eines Versuchs rationaler Sicherung und Vergewisserung hat das kaum geschadet, ganz im Gegenteil. Wer folgt nicht lieber einem Wegweiser, mag er auch nur undeutlich beschriftet sein, als ohne jede Orientierung ins Ungewisse zu gehen?

Speziell in dieser psychologisch-sichernden Funktion hat der Rechtsstaat in Deutschland alte Traditionen. Michael *Stolleis* hat jüngst in seiner «Geschichte des öffentlichen Rechts in Deutschland» (Bd. I, München 1988) daran erinnert. Gerade in Zeiten, die mit politisch unlösbaren Fragen konfrontiert waren – der gespaltene Glaube, das ohnmächtige Reich, die verspätete Nation – wuchs bei uns das Vertrauen in die rationalisierende, die beruhigende und befriedigende Macht des Rechts. «Es ist evident, daß die dem Heiligen Römischen Reich Deutscher Nation in der früheren Neuzeit stets zugeschriebene Regelungsdichte, die Existenz einer funktionsfähigen Reichsgerichtsbarkeit und ein an etwa 40 Universitäten ausgebildeter besonders zahlreicher Juristenstand den Boden für jene Ausprägung von ‹Rechtsstaat› gebildet haben, den das deutsche Bürgertum des ausgehenden 18. und 19. Jahrhunderts dann gewissermaßen als Äquivalent für die fehlende politische Mitwirkung forderte und schrittweise durchsetzte. Die der deutschen Vorstellung vom Rechtsstaat eigene Statik, die Bewahrung des status quo durch formale Sicherungen, hat ohne Zweifel auch historische Ursachen, die weit hinter das 19. Jahrhundert zurückreichen.» (a.a.O., S. 55)

Der Staat als Rechtsanwalt – wir haben unser Thema bisher vorwiegend aus der Perspektive des Rechts betrachtet. Wie aber sieht es aus der Sicht der Politik aus? Hat die «kopernikanische Wende» vom Staat zum Menschen der Politik neues Prestige gebracht? Erfreut sich der Rechtsstaat breiterer Akzeptanz als der Machtstaat?

Unverkennbar ist wohl der gegenüber früheren Zeiten (auch der Zeit von Weimar!) stark verminderte Zuschnitt der politischen Gewalt im Bonner Staat, die siegreiche und immer noch fortschreitende Tendenz zur Beschränkung, Zähmung, Minimalisierung der Staatsmacht. «Erlösung von der Größe» hat Fritz *Stern* das genannt, von «Verschweizerung» sprach Alfred *Grosser*, von «Machtvergessenheit» Hans Peter *Schwarz*. Gleichgültig, wie man die Akzente der Bewertung setzt, das Phänomen selbst ist kaum zu übersehen. Nie waren die Deutschen so bereit, Rücksicht zu nehmen, blindes Auftrumpfen zu vermeiden, sich an Regeln des politischen Spiels zu binden. Dieser Staat ist kein ungestümer Täter, schon gar nicht der sprichwörtliche Elefant im Porzellanladen – er tanzt anmutig nach Rechtsfiguren. Nach draußen hat er eine Diskretion entwickelt, die keineswegs gespielt und vorgeschützt ist. Vor weltpolitischem Engagement erschrickt er selbst mehr als die anderen – der Streit um einen deutschen Beitrag zur UN-Friedenstruppe ist ein lehrreiches Beispiel.

Politik ist in diesem Staat kein Arcanum mehr, sie ist allgemein zugänglich, einsehbar – durchsichtig bis in die Eingeweide. Das Handeln des Staates ist nicht nur rechtlicher Kognition geöffnet – es hat auch längst den Nimbus des Besonderen, Hervorgehobenen, Zusammenfassenden verloren. Der Staat ist einer unter vielen. Bestenfalls tritt sein besonderer Anspruch noch bei Staatsakten, Staatsbesuchen hervor – ansonsten sind Verbände, Tarifparteien, soziale Bewegungen, Medien und Prominenz für den Betrachter ebenso interessant, wenn nicht interessanter. Kaum, daß das öffentliche Interesse in der Berichterstattung noch als ein übergreifender Anspruch sichtbar wird. Eher herrscht die Tendenz, es mit Gruppen- und Einzelinteressen auf eine Stufe zu stellen. Der Normalverbraucher muß aus den Fernsehnachrichten den Eindruck gewinnen, daß da viele autogene Mächte nebeneinander existieren, die in einem bald friedlichen, bald weniger friedlichen Wettstreit um Einfluß ringen – woraus sich, wenn alles gut geht, vielleicht so etwas wie das allgemeine Wohl ergibt. Daß eine dieser Mächte «Staat» heißt, ist zunächst nicht mehr als eine interessante Farbe im Spiel. Daraus entsteht noch keine Rangordnung – und schon gar nicht die Anerkennung einer übergeordneten Einspruchsgewalt, die im Zweifel fähig wäre, das Spiel mit einem Machtspruch zu Ende zu bringen. Auch der Staat selbst spielt die eingeführten Bescheidenheitsrituale mit und macht sich gern vor anderen klein. «Bürgernähe» scheint zu verlangen, daß er nicht überlebensgroß erscheint.

Im Spiel der pluralistischen Kräfte fällt der Staat meist durch eine besondere Schwerfälligkeit auf. Er ist ein Dinosaurier – bis er sich bewegt, vergeht allemal viel Zeit. So ist die Szene rings um ein neu auftauchendes öffentliches Problem meist schon von den Betroffenen und den über sie berichtenden Medien besetzt. Bis der Staat geklärt hat, ob er gleichfalls betroffen ist, ob er sich bewegen soll und darf, wie und wohin, ist sein Part nicht mehr gefragt, sein Kommentar nicht mehr gewünscht. Und so rechnet man beim nächsten Problem- und Konfliktfall gar nicht mehr mit ihm.

Ich beschreibe diesen Zustand nur, ich kritisiere ihn nicht. Er ist die Konsequenz eines Zähmungskonzeptes, einer durchgehenden Verrechtlichung, einer Installierung von Kontrollmacht rings um die Politik, wie sie das Grundgesetz mit Erfolg in Gang gesetzt hat – in der Linie klassischer Tendenzen des Verfassungsstaates, freilich mit deutscher Grundsätzlichkeit und Zuspitzung. Kein Zweifel, daß wir heute blanke Anmaßung, unbeherrschtes Tätertum oder Schlimmeres von der so gezähmten Politik und ihren Adepten nicht mehr zu besorgen haben. Insofern kann der Bürger, solange sich der Staat als Rechtsanwalt versteht, ruhig schlafen. Doch wird der Staat im Krisenfall dann auch leisten können, was man von ihm erwartet?

Die gezähmte Politik steht heute neuen Herausforderungen gegenüber. Sie hat darauf bisher nur schwerfällig reagiert. Freilich ist auch das Interesse der Öffentlichkeit an politischen Entscheidungen oft sporadisch, kurzatmig, okkasionalistisch – Musterbeispiele sind die Öko-Problematik und die Terroristenszene. Das macht die politische Antwort schwer. Von einem Tag auf den anderen soll der gestern noch ohnmächtige Staat allmächtig sein und deutliche Handlungs-Zeichen setzen, im Umweltschutz, in der Abwehr der Gewalt; dann soll er wieder wie ein Bettler unter der Truppe sitzen und höchstens die Müllabfuhr besorgen. Doch gleichgültig, wie man die politisch-psychologische Bewegung im Vordergrund beurteilt – auf mittlere oder längere Frist werden sich die Erwartungen, die Anforderungen an die Politik ohne Zweifel ändern. Einige Tendenzen zeichnen sich schon deutlich ab. So haben die traditionellen Schutzaufgaben des Staates, die lange an den Rand gerückt waren, im Zeichen von Ökologie und Lebenssicherung neue Bedeutung zurückgewonnen. Die eindämmende, kanalisierende, notfalls verhindernde und verbietende Gewalt des Staates wird heute weit stärker beansprucht als in den ersten Jahrzehnten nach dem Krieg – man denke nur an den Schutz des menschlichen Lebens und an notwendige Vorkehrungen gegen Fortschritts-Exzesse aller Art. Zweitens wächst das Gefühl, daß die Grundlagen unseres Sozialstaats angesichts der demographischen Entwicklung in den nächsten Jahren erneut gesichert werden müssen – eine Reform von ähnlicher Größenordnung wie in den Jahren 1949–1957 ist angesagt, die den breitesten Konsens der Parteien und der gesellschaftlichen Kräfte erfordert. Und endlich wird heute deutlicher als früher, daß die individuellen

Freiheiten, die wir lässig und oft gedankenlos genießen, nicht selbstverständlich sind, daß sie in einem unlösbaren Zusammenhang stehen mit der politischen Freiheit des Gemeinwesens, mit dem durch den Staat garantierten Rechts- und Friedensraum. Gesetzesgehorsam ist das notwendige Korrelat für die Entfaltung der Grundrechte. Das eine ist nicht ohne das andere zu haben. Ob Sitzblockaden oder Abtreibungen: Gesetzesgehorsam darf nicht als unzeitgemäß angesehen oder gar als Hexenjagd denunziert werden. Sonst heißt das wahre Opfer solcher Hexenjagd am Ende Justitia.

So wird in den nächsten Jahren Handlungsfähigkeit gefragt sein. Ob sie gegeben ist, wird nicht nur von der Politik, sondern auch vom Recht abhängen. Das führt uns zum Schluß noch einmal auf das Verhältnis von Recht und Politik zurück. Das «handelnde Recht» und die «gezähmte Politik» – werden sie gemeinsam in den neuen Handlungsrahmen hineinfinden?

Wir erleben im Augenblick einen erregenden Wettstreit um das Verständnis von Politik und den Begriff des Bürgers. Nicht unbeträchtliche Kräfte organisieren sich heute in sozialen Bewegungen außerhalb des Parteiensystems. Sie setzen partikulare Ziele mit hohem Identifikationsgehalt gegen ein Ganzes, das zwar die rationale Logik für sich hat, dem aber, weil es *nur* rational vermittelt ist, die emotionelle Durchschlagskraft, die Unmittelbarkeit des Bei-sich-Seins zu fehlen scheint. Das Parteien-system zeigt gegenüber diesen Herausforderungen deutliche Schwächezeichen. Seine Erosion ist be-zeichnenderweise dort am ausgeprägtesten, wo bis-her die stärkste Bindekraft lag – bei den Volkspar-teien. Vieles spricht jedoch dafür, daß der Erfolg des Grundgesetzes auch der Erfolg des mit ihm verbun-denen Parteienstaates war. Ein grundlegender Um-bau – von dem im übrigen niemand weiß, wie er aussehen soll – würde gerade jene Gegebenheiten in Gefahr bringen, mit denen die Verfassung rechnet, die sie aber selbst nicht schaffen kann: Pluralität der politischen Kräfte, Kompromiß- und Konsensbe-reitschaft, Offenhalten der Machtwechselchance, Voranschreiten in Versuch und Irrtum, ohne daß die Mehrheit sich für die Wahrheit hält oder die Wahr-heit glaubt, sich über Mehrheiten hinwegsetzen zu können.

Wer sich zurückerinnert, wird im scheinbar Neu-en Altes und Ältestes entdecken.

Gesetzlos persönliche Freiheit – in Begriffen un-serer Verfassungsgeschichte zu sprechen – hat in Deutschland immer eine hohe Mobilisierungschan-ce gehabt. Sie hat sie vor allem dann, wenn die Al-ternative gesetzliche, aber unpersönliche Freiheit heißt. Es käme also alles darauf an, die gesetzliche Freiheit auch zur persönlichen, die persönliche Freiheit auch zur gesetzlichen zu machen. Müßten

nicht Juristen und Politiker in diesem Ziel überein-
stimmen?

Vom Juristen wird heute nicht erwartet, daß er
sich den Mächtigen andient. Das haben wir in unserer Geschichte oft genug gehabt – von den eher
harmlosen Rechtsgelehrten des Absolutismus, die
vor Serenissimi die Pose der Nüchternheit aufsetz-
ten, bis zu den Kronjuristen des Dritten Reiches, die
die Rechtsbegriffe in unbegrenzter Auslegung in der
Tat wie ein Stück Leder dehnten. Aber der Jurist
sollte Politik, demokratische Politik, *verstehen,* er
sollte ein Gespür haben für Konstellationen, innere
Gesetze, Abläufe, für Schwächen und Stärken. Er
sollte frühzeitig imstande sein mitzudenken, sich in
Handlungszusammenhänge zu versetzen und aus ihnen zu urteilen. Und dasselbe gilt natürlich für den
Politiker: Recht sollte für ihn kein lästiges Anhäng-
sel, keine Fessel sein, auch kein Alibi für Untätigkeit
und Hilflosigkeit, vielmehr ein Stück «vom Rechte,
das mit uns geboren», ein notwendiger Rahmen, eine
Stütze – wo nötig ein Widerlager.

Nicht auf Verschmelzung also, auf Arbeitstei-
lung käme es an. Dazu gehört, daß man die gegen-
seitigen Bereiche respektiert und Übergriffe tun-
lichst vermeidet. Ingerenz- und Verschmelzungszo-
nen zwischen Politik und Recht – im Parteienstaat
leicht sich ausdehnend – sollten eher eingeschränkt
als erweitert werden; das gilt für das Institut des
politischen Beamten ebenso wie allgemein für die

Neigung der Parteien – aller Parteien –, den Widerspruch der Unabhängigen durch die Echo- und Verstärkerwirkung der politisch Gleichgestimmten zu ersetzen. Das gilt aber auch, ich kann es nicht oft genug wiederholen, nach der anderen Seite hin. Auch der Ehrgeiz mancher Gerichte, die von Rechtsfortbildung allzu rasch zu Rechtsetzung schreiten – *Lykurg* am Richtertisch –, wäre hier kritisch zu analysieren.

Recht und Politik sollten auch vermeiden, in einen Wettlauf mit der öffentlichen Meinung einzutreten. Dabei gewinnt weder die eine noch die andere Seite etwas. Vorschnelle Anpassung an Zeittrends und Zeitsünden ist eine Schwäche der Politik. Sie kommt aber auch bei Gerichten vor – selbst bei solchen in Gipfelbereichen. Was dann in der Politik zu Glaubwürdigkeitsverlusten führt, das führt in der Justiz zu logischen Ungereimtheiten. Ich habe mich als respektvoller Leser der Entscheidungen des Bundesverfassungsgerichts in den letzten Jahren manchmal gefragt, in welchem Verhältnis wohl das in den siebziger Jahren proklamierte Recht auf Bildung zu dem in den achtziger Jahren proklamierten Recht auf informationelle Selbstbestimmung stehen möge. Was machen wir denn, wenn des Schülers Recht auf Bildung durch des Schülers Recht auf informationelle Selbstbestimmung unterlaufen wird? Landet dann am Ende gar die Allgemeine Schulpflicht bei den Rechtsaltertümern?

Fazit: Populär zu sein kann für Juristen wie für Politiker zumindest kein Nahziel sein. Es hilft ihnen wenig, wenn sie, jenem Preußenkönig ähnlich, mit dem Stock durch die Straßen gehen und rufen: «Lieben sollt ihr mich!» Denn «ein Rest von Rolle» bleibt beiden; beide können sich dem professionellen Anspruch, der ihnen in einer langen Geschichte zugewachsen ist, nicht einfach entziehen. Aber sollen sie es überhaupt? Auch im demokratischen Gemeinwesen muß es Professionalität geben. Das Stellwerk der Politik und des Rechts muß bedient werden – korrekt, kompetent und unparteiisch. Juristen und Politiker haben diesen Dienst zu leisten – gewiß nicht allein, sondern mit allen Bürgern –, aber doch in einem spezifischen Sinn. Das ist ihr Auftrag, dafür müssen sie bereit sein. Und das muß sie für viele Anfechtungen in der Öffentlichkeit – gemeinsame wie getrennte – entschädigen.

5. Moral versus Politik –
ein Prozeß geht in Revision

Der Prozeß Moral gegen Politik ist der Öffentlichkeit als feste Einrichtung vertraut. Jahr für Jahr wird dieses Stück bei uns mit wahrer Passionsspiel-Leidenschaft in Szene gesetzt. Der Ablauf ist immer der gleiche: Es passiert ein politischer Skandal. Alle regen sich auf. Die Entrüstung ist ungeheuer. Ein Aufschrei geht durchs Land. Empört nimmt die öffentliche Meinung Stellung gegen die Täter. Kaum daß sie den Mund aufmachen können, sind sie schon abgeurteilt, nein verdammt, moralisch hingerichtet. Pardon wird nicht gegeben, und das Schlußwort haben nicht die Angeklagten, sondern die Ankläger, die im Namen der Moral zugleich das Urteil sprechen. In dem Prozeß geht es sehr emotional zu – Schreie, Tränenausbrüche, Wut, Entsetzen; man muß zugeben, daß der Hergang der Sache im Lauf der Verhandlung kaum deutlicher wird, doch scheint es darauf auch gar nicht anzukommen. Auch eine Reueszene der ertappten Sünder am Ende ist nicht geplant, Bekehrung, kathartisches Aufatmen findet nicht statt. Stattdessen bestätigt sich ein Ritual. Ein Exempel wird statuiert, eine pädagogische Demonstration läuft ab: Seht, so ist die Politik. Seht, so ist die Moral. Unverbesserlich die eine, unbestechlich die andere, gänzlich unvereinbar beide. Sei also froh, wenn du auf der richtigen Seite stehst!

Ich habe noch keinen Prozeß Moral gegen Politik erlebt, den die Moral nicht gewonnen hätte. Immer verläßt sie erhobenen Hauptes als Siegerin den Kampfplatz, während die Politik ziemlich ramponiert am Boden liegt und ihre Wunden leckt. Merkwürdig nur, daß sie sich dann meist sehr rasch erholt: am nächsten Morgen treibt sie munter ihre alten Spiele. Und wieder baut die Moral ihre Gerichtsschranke, ihr kleines hölzernes Tribunal auf und erhebt Anklage, und so geht es fort und fort *ad infinitum*.

Da kann doch etwas nicht stimmen, denke ich mir. Das kann doch nicht mit rechten Dingen zugehen, wenn da immer eine Seite gewinnt, und immer die gleiche Seite. Müßte der Prozeß nicht einmal in Revision gehen? Müßte man nicht weitere Instanzen damit beschäftigen? Moral gegen Politik, das klingt so selbstverständlich. Politik gegen Moral, das wäre einmal etwas Neues. Ich stelle mir also ein Revisionsverfahren vor, knapp, sachlich, objektiv, bei dem beide Seiten zu Wort kämen, bei dem die Verhandlungsführer unaufgeregt und locker ihre Argumente vorlegten. Bitte, kein Geschrei von der Galerie! Hören wir erst einmal ruhig an, was die Politik zu ihrer Verteidigung zu sagen hat.

Die Politik könnte sagen (und so hat sie jahrhundertelang argumentiert): sie sei nur ein *Spiegel des*

Ganzen. Sie sei nicht besser und nicht schlechter als die Öffentlichkeit, in der sie agiere, gewiß keine Tugend-Heroine, aber ebensowenig eine unrettbar verkommene Person. Ihr beklagt euch über Korruption, könnte sie sagen, aber ist die Gesellschaft außerhalb der politischen Klasse davon frei? Ihr mokiert euch über Geldgier bei Politikern, aber sind sie mit dieser Untugend allein? Ihr kritisiert den Mißbrauch politischer Macht, aber wird nicht auch wirtschaftliche Macht, geistige Macht, Medienmacht mißbraucht? Da summieren sich die Ladendiebstähle in unserer Republik, verübt von Leuten, die keineswegs am Hungertuch nagen, jedes Jahr zu Milliardensummen – und dann erwartet man, daß *oben* Begehrlichkeit nach fremdem Hab und Gut nicht vorkommt? Da ist bei gar nicht wenigen Menschen Maximierung des Einkommens der allerhöchste Lebenszweck – und Politiker sollen plötzlich Asketen sein, die einzigen, bei denen Kasse nicht sinnlich macht?

Ein weiteres Argument kann die Politik vorbringen, heute übrigens mit größerem Recht als in früheren Zeiten: sie werde ständig *beobachtet* – daher werde bei ihr auch mehr *entdeckt*. Sie liege unter Flutlicht – da sehe man alle *fouls* beim Spiel. Und während beim kleinen Mann und bei der kleinen Frau Verstöße mittlerer Größe leicht zu Kavaliersdelikten verharmlost würden, habe die Politik diese Chance nicht: schon ein kleiner Stolperer könne eine politische Karriere beenden, schon ein kleiner Fehler werde nur schwer verziehen. Andere öffentliche Bereiche seien da viel besser abgeschirmt: wer recherchiere denn mit ähnlichem Eifer in den Bereichen der Wirtschaft, der Medien, in den halbprivaten Schlupfwinkeln, wo sich vieles tue, was nicht kosher sei?

Ein drittes Argument: Die Politik muß *entscheiden,* die Moral darf *betrachten.* Die Politik steht unter Zeitdruck, die Moral kann die Arme verschränken. Der *Akteur* lebt gefährlicher als der *Voyeur.* Er kann nichts auf die lange Bank schieben. Wen wundert es, daß er im Drang der Geschäfte Fehler macht? Es ist ein Unterschied, ob man Akten oder die Zeitung liest, sagt die Politik. Es ist ein Unterschied, ob man Entscheidungen *bedenken* oder *treffen* muß. Das komfortable Sowohl-als-Auch des Betrachters ist ein Luftkissen der Seele. Das Entweder-Oder der Politik dagegen ist ein rechtes Fakirbrett.

Ermuntert durch das Schweigen der Galerie (dort scheint sich Nachdenklichkeit zu verbreiten), holt die Politik zu einem Rundumschlag aus nach dem Motto, die beste Verteidigung sei der Angriff. Wo liege denn, fragt sie, das Mandat der Moral in Sachen Politik? Wer habe denn *Betrachter* zu Richtern der *Handelnden* eingesetzt? Eine Aktivlegitimation habe die Moral wohl nicht aufzuweisen. Sie könne auch nie in die Lage derer kommen, die sie zu beurteilen, ja zu richten sich erkühne; denn eine

Herrschaft der Moral (anstelle der Politik) habe es nie gegeben und werde es nie geben. Und sei die Moral denn wirklich eine unabhängige Instanz? Teile sie nicht mit der von ihr angegriffenen Politik eine Schwäche: die Gefallsucht? Sei sie nicht selektiv: hier positiv, hier negativ urteilend bei gleichen Tatbeständen? Habe sie sich nicht schon reichlich Blößen gegeben bei dem Versuch, der Politik die nötigen Mores beizubringen?

Man kann sich leicht vorstellen, was die Moral auf diese Invektiven antworten wird. Sie wird auf die Fehler, die Grausamkeiten, die unbezweifelbaren Verbrechen hinweisen, die im Namen der Politik begangen worden sind; sie wird sich den heute erreichten höheren Grad an Transparenz des Staatslebens als Verdienst zurechnen; sie wird sagen, daß gute Entscheidungen nie unter Zeitdruck stehen sollten und daß der Geist philosophischer Abwägung nicht aus der Politik verbannt werden dürfe. Und der Vorwurf, sie kritisiere von außen, wofür sie nie im Innern die Verantwortung zu übernehmen bereit sei? Nun, sie wird ihn auffangen mit dem Hinweis, ein Musikkritiker müsse nicht alles spielen können, was er kritisiere – oder mit der Spruchweisheit: Um ein Omelett gut oder schlecht zu finden, muß man es nicht zubereitet haben.

Lassen wir einen Augenblick das Revisionsverfahren Politik gegen Moral auf sich beruhen! Denn inzwischen ist uns klargeworden, daß der geschilderte Dialog (oder vielmehr Nicht-Dialog) zwischen Moral und Politik auf sehr spezifischen Überlieferungen, auf eigentümlichen Denkvoraussetzungen beruht. In Stichworten: Die hier in Rede stehende *Moral* ist kein Komplementärbegriff zur *Politik,* eher ist sie ein Alternativbegriff, ein Ersatzbegriff. Mit der Politik im Verhältnis zur Moral steht es ebenso. Die eine schließt die andere nicht ein. Sie steht ihr gegenüber, fordert sie heraus – aber beide haben nichts Rechtes miteinander zu schaffen. Ein veritabler Taubstummendialog also, unendlich wiederholbar, aber ohne produktive Ergebnisse. Warum eigentlich muß das so sein?

Nun, die Sprachbarriere zwischen Moral und Politik hängt mit neuzeitlichen Veränderungen des Moral- wie des Politikverständnisses zusammen. Wiederum in Stichworten: Lange Zeit waren Individualethik, Ökonomik und Politik eine eng verwobene Trias. Sie waren verwoben, weil Leben, Leben im *Haus* und Leben in der *Bürgergemeinde* untrennbar zusammengehörten. Das ist der Sinn des berühmten Satzes von Aristoteles, der Mensch sei von Natur ein öffentliches, ein bürgerliches Wesen, *zōon phýsei politikón;* das ist auch der Grund dafür, daß im Abendland vom 12. bis zum 18. Jahrhundert die Politik als Lehrfach an Schulen und Universitäten in einer Gemengelage mit Ethik (Moral) und Ökonomik auftrat. Der Mensch, so die Tradition, kann als isolierter einzelner nicht zu seiner Menschlichkeit gelangen. Er braucht das Haus (die Wirtschaft), er braucht die Stadt (die Politik). Ökonomische und politische Welt sind nicht einfach zufällig-beliebige Durchgangsorte für das im Menschen angelegte Streben nach Glück und Selbstvollendung. Sie sind vielmehr Felder der Praxis, der tätigen Verwirklichung, der Entäußerung im *Werk*. In ihnen und an ihnen wird der einzelne zum Menschen. So ist Politik ein Teil der Ethik, aber auch Ethik ein Teil der Politik; beide stehen in einem wechselseitigen Begründungszusammenhang. Zugespitzt gesprochen: Was gut ist für den einzelnen, ist auch gut für den Staat; was gut für den Staat, ist auch gut für den einzelnen. Kein sittlicher Individualismus also – und auf der anderen Seite auch keine Lehre vom Staat als transpersonaler, objektiver Größe, als Apparat, Herrschaftsutensil, «Kunstwerk» (J. Burckhardt); statt dessen eine Ethik als «Wissenschaft vom Menschen», die sich in der Frage nach der Wirtschaft und dem Staat zum Ganzen erweitert und vollendet.

Die Neuzeit – freilich erst die jüngere seit dem 18. Jahrhundert – differenziert dieses Gefüge, löst die Ökonomik heraus, die sich jetzt von Ethik und Politik emanzipiert, und lockert schließlich den Zusammenhang von Ethik und Politik. Die Natur- und Machtseite des Politischen tritt in den Vordergrund (Machiavelli). Der Staat wird in seiner Sachgesetzlichkeit als «sterblicher Gott» beschrieben (Hobbes). Das Wort Politik büßt seine ursprüngliche normative Bedeutung ein: es bezeichnet jetzt nicht mehr allein die auf bürgerlicher Gleichheit und offenem Diskurs unter Freien beruhende Willensbildung, sondern unterschiedslos jede Form von Regierung und Herrschaft, jedes Handeln zur Erreichung öffentlicher Zwecke. Politik wird ein rein technisch-instrumentaler Begriff (siehe oben S. 10 ff. und S. 33 ff.).

Auf der anderen Seite konstituiert sich dieser verselbständigten, nur noch an Nützlichkeiten gebundenen Politik gegenüber jetzt der *Areopag der Moral*. Das bereitet sich schon in den Friedens- und Völkerbundsplänen seit dem 16. Jahrhundert vor, im Naturrecht, der Publizistik, der öffentlichen Meinung des 17. und 18. Jahrhunderts; der Durchbruch liegt in der Spätaufklärung, in der *kantischen Kritik* am Utilitarismus der überlieferten Sozialethik, die das Ende der aristotelischen Politik und Ethik an den Universitäten einläutet. Jetzt geht es nicht mehr um die Realisierung des Guten in der politischen Praxis – es geht zuerst und zuvörderst um den «guten Willen». Der Satz, mit dem die *Grundlegung zur Metaphysik der Sitten* beginnt, ist ein Programm: «Es ist überall nichts in der Welt, ja überhaupt auch außer derselben zu denken möglich, was ohne Einschränkung für gut könnte gehalten werden, als allein ein guter Wille.» Damit wird die Ethik in die Brust des Einzelmenschen eingeschlossen, dem sich aus seiner subjektiven Erfahrung eine bestimmte, je eigene Güterwelt zuordnet, an der sich sein Handeln orientiert und nach der es beurteilt werden will. Die gemeinsamen «politischen» Güter aber sind preisgegeben. Die Moral, von utilitären Glückserwartungen gereinigt, tritt der Politik als autonome Größe gegenüber; aber sie ist in die Sphäre reiner voraussetzungsloser Normen entrückt, und sie verliert in ihrem Phaetonsflug allmählich die Verbindung mit den Zusammenhängen des menschlichen Daseins. Damit sind die Ausgangsbedingungen des Dialogs zwischen Moral und Politik bezeichnet, wie sie bis heute Gültigkeit besitzen: einerseits eine Moral, die geradezu in die Sphäre des Metaphysischen emporgehoben wird – anderseits eine Politik als *schlechte Wirklichkeit*. Es leuchtet ein, daß das Gespräch zwischen beiden nicht sehr fruchtbar sein kann.

Immer wieder hat es Versuche zur Lockerung dieser starren Positionen gegeben – aus dem Gefühl heraus, daß der Öffentlichkeit weder mit einer morallosen Politik noch mit einer apolitischen Moral gedient sei. Der berühmteste, freilich auch riskanteste Versuch stammt von Hegel. Er trennt zunächst, was bei Kant noch eine Einheit bildet, Moralität und Sittlichkeit: Moralität wird jetzt begriffen als die subjektive Seite des Sittlichen, Sittlichkeit als Totalität des Objektiven. Aber beide werden neu verklammert: denn in der Sittlichkeit ist die objektive institutionelle Ordnung mit der Subjektivität der Subjekte vermittelt; das Gute kann sich nur im Gutsein einer Person verwirklichen. Der moderne Staat «hat diese ungeheure Stärke und Tiefe, das Prinzip der Subjektivität sich zum selbständigen Extreme der persönlichen Besonderheit vollenden zu lassen und zugleich es in die substantielle Einheit zurückzuführen und so in ihm selbst diese zu erhalten» (Grundlinien der Philosophie des Rechts, § 260). Das ist Aristotelismus mit neuen Mitteln; das Problematische liegt freilich darin, daß jenes «Zugleich» von einem Staat erwartet wird, der sich in seiner Technizität und Sachgesetzlichkeit (einschließlich der Ausbildung eines professionellen Politikerstandes!) von den griechischen Ausgangspunkten einer Gesellschaft der bürgerlich Gleichen und Freien weit entfernt hatte und wohl auch entfernen mußte. Der Staat als Wirklichkeit der sittlichen Idee – das war gerade im Blick auf den *modernen* Staat eine zu hochgegriffene Konzeption. Hegel überwand auf diese Weise zwar die kantischen Dualismen – aber doch um den Preis einer Staatsidealisierung, welche die Realität überforderte.

Auch Max Weber hat in seinem ausgedehnten Werk immer wieder an den Gitterstäben der autonomen Moral und der autonomen Politik gerüttelt. Doch auch er ist zwar zu neuen dringlichen Fragen und Forderungen, nicht jedoch zu Lösungen gelangt. Durch sein Werk zieht sich ein innerer Widerspruch: auf der einen Seite vollendet Weber die kantischen Trennungen, indem er – im Werturteilsstreit

– die letzten Reste der alten Güterethik aus der Wissenschaft verbannt: So kommt es zu einem Wertrelativismus irreduzibler Weltanschauungspositionen, zwischen denen «gewählt werden muß». Doch diese Position wird nicht bis zum Ende durchgehalten. In Webers spätesten Äußerungen taucht hinter dem scheinbar sinnlosen Kampf der Ideen und Anschauungen, hinter dem «Machtpragma» des Staates unvermittelt wieder die Frage nach dem menschlichen Handeln, nach dem Verhältnis von Politik und Ethik auf. Weber rührt diese Frage an, indem er dem absoluten, nur sich selbst verpflichteten Gesinnungsethiker (als dessen Typus ihm der Dostojewskische Heilige und der russische Revolutionär der Zeit erscheint) den *verantwortungsethisch* handelnden Staatsmann gegenüberstellt, den Staatsmann, der – verstrickt in den politischen Betrieb und seine Dämonie, gefährdet an seiner Seele – gleichwohl sittlich zu handeln strebt, indem er die *Folgen* seines Handelns bedenkt und sich nicht mit dem entlastenden Bewußtsein einer «guten Gesinnung» zufriedengibt. Freilich, Verantwortungsethik kann das Heil der Seele (das Weber rein innerlich und individualistisch versteht) gefährden; Gesinnungsethik umgekehrt kann die Politik zerstören. Weber löst das Paradox nicht auf, er macht die Unterscheidung von Gesinnungs- und Verantwortungsethik nicht zur wissenschaftlichen oder gar moralischen Maxime; aber es ist klar, daß er in seiner Rede «Politik als

Beruf» für *den* Politiker optiert, der die *Verantwortung für die Folgen* real und mit voller Seele zu empfinden vermag. Was aber ist das anderes als das klassische Prinzip der praktischen Philosophie: nicht der *gute Wille* ist entscheidend, sondern die *Wahl des Guten*?

Näher an unserer Zeit und unserer Sprache hat Hans Jonas versucht, das «Prinzip Verantwortung» als zentrale Kategorie der Politik im technischen Zeitalter zu entfalten und zu konkretisieren. Ausgangspunkt seines Denkens sind die «Nebenfolgen», welche Politik, Wirtschaft, Technik, Kultur für den einzelnen und für das Schicksal künftiger Generationen auslösen. Angesichts der grenzenlosen Möglichkeiten des Menschen empfiehlt er eine «Heuristik der Furcht». Seine Kritik der Utopie mündet in den Versuch, die Vergangenheit als Quelle des Wissens vom Menschen neu zu entdecken. Dies alles sind Bausteine einer neuen politischen Ethik. Freilich gelangt das christliche Denken nur in Gestalt später utopischer Umformungen in Jonas' Blick – wie auch die aristotelische Trias von Ethik, Ökonomik und Politik in seinem Buch nicht auftaucht. Als Problem bleibt die Frage übrig: Wie ist es möglich, eine politische Theorie der Verantwortung zu entwickeln, die einerseits den Kontext der Tradition berücksichtigt, anderseits der Erscheinung des modernen Rechts-, Sozial- und Leistungsstaates gerecht wird?

6. Bürger und res publica –
die Zukunft der Verantwortung

Bürger, res publica, Verantwortung – das sind Begriffe mit unscharfen Rändern. Gleichwohl ist ihr innerer Zusammenhang erkennbar. Das Wort Bürger gehört etymologisch zu Burg (= Stadt), so wie griechisch polítēs zu pólis gehört und lateinisch civis zu civitas. Der Begriff des Bürgers – ein gemeineuropäischer Begriff – kommt vom antiken Stadtstaat her. Bürger und bürgerliche Gesellschaft verweisen aufeinander. Der Bürger, das ist einer, der Verantwortung für die bürgerlichen, die öffentlichen Angelegenheiten übernimmt, der bereit ist, für die Bürgerschaft zu handeln. Solche Verantwortung kann naturgemäß erst wahrgenommen werden, wenn sich gegenüber dem Partikulär-Eigenen ein bürgerliches Leben durchgesetzt hat, wenn also die Gesellschaft über Familien, Sippen, Stämme, naturhafte Gliederungen hinausgewachsen ist.

Zukunft der Verantwortung – diese Formulierung legt die Vermutung nahe, daß diese Zukunft gefährdet sei, daß sie zumindest offen ist. Darüber gilt es Näheres zu erkunden. Ich gehe in drei Schritten vor: Zunächst frage ich, wie sich öffentliche Verantwortung im Abendland entwickelt hat (1); die zweite Frage gilt den heutigen Erscheinungsbildern bürgerlicher Verantwortung, ihren Problemen,

Defiziten, Krisen (2); und schließlich soll gefragt werden, wie öffentliche Verantwortung in der Zukunft aussehen könnte (3).

(1) Gefüge öffentlicher Verantwortung haben sich in Europa historisch aus drei Traditionen gebildet: einer griechisch-römischen, einer christlichen, einer neuzeitlichen. Thesenhaft gesprochen: Die Antike entwickelte den Gedanken bürgerlicher Hingabe an den Staat. Das Christentum machte politisches Handeln rechenschaftspflichtig vor Gott und dem Gewissen. Die Moderne zergliederte die Macht und schuf kontrollierbare Verantwortungsbereiche. Alle heutigen Verantwortungssysteme, alle Formen von *responsible government* sind komplexe Verbindungen dieser Traditionselemente.

Betrachten wir zunächst den griechisch-römischen Beitrag. Er ist insofern grundlegend, als hier mit dem Allgemeinen der Stadt (pólis) zugleich der dieses Allgemeine verkörpernde Mensch, der polítes, auftritt. Dieser Bürger ist nicht einfach der in der Stadt Wohnende (auch Sklaven und Metöken wohnen in der Stadt); er stellt auch keineswegs die Mehrheit der Bevölkerung dar (numerisch ist er eine Minderheit); der Bürgertitel verweist auch nicht auf etwas Ähnliches wie Menschenrechte (die es, nach Jacob Burckhardts schneidender Feststellung, im Altertum nicht gibt). Was heißt also Bürger-Sein? Nun, in erster Linie Teilnahme am Regieren,

Hingabe an den Staat, Identifikation mit der Polis. Solche Identifikation kann den Bürger mit seiner Polis in ewigem Ruhm verbinden; sie kann ihn ebenso ins Vergessen, in den Untergang schleudern. Der bios politikós, das bürgerliche Leben, wie es hier verstanden wird, zieht sein Pathos aus der radikalen Ent-Individualisierung: Nicht zufällig ist der Widerpart des polítēs der idiótēs, der in die ídia, das Private, Lokale, Partikuläre verfangen ist. Ent-Individualisierung und Identifikation mit der Bürgergemeinde stehen am Anfang der abendländischen Politik. Dieser Ursprung ist noch weit in die Neuzeit hinein gegenwärtig: So wenn *Karl V.* seine Gegner als «particuliers» bezeichnet, oder wenn *Hegel* «eigenwilliges Tun» und «Einzelheit» als Gegenpol zum Staat definiert, oder wenn *Marx* die bürgerliche Kultur gegen das verteidigt, was er – gut griechisch – die «Idiotie des Landlebens» nennt.

Auch der civis Romanus wächst aus dem Stadtbürger hervor; freilich integriert hier der Bürgerbegriff von Anfang an größere territoriale Einheiten, bis sich in spätantiker Zeit das Stadtbürgerrecht der res publica zum Reichsbürgerrecht des Imperium Romanum erweitert.

Ist Bürger im antiken Sinne einer, der die Sache des Staates bedingungslos zu seiner eigenen macht (und dafür im günstigen Fall Ruhm gewinnt und in der Bürgerschaft fortlebt), so kehrt das Christentum die Akzente um: Es entrückt das Bürgerrecht in den

74

Himmel, es macht die Menschen zu Fremdlingen, Pilgern auf Erden und begründet damit den bis heute vorherrschenden Dualismus von christlicher und bürgerlicher Existenz. Die einfachen Formen politischer Identifikation werden brüchig: Am Beispiel des Ruhmes enthüllt *Augustin* die Selbstbezogenheit, die Verantwortungs-Unfähigkeit der antiken politischen Kultur. Verantwortung wird jetzt neu und strenger gefaßt: Wie der Mensch über sein ganzes Leben Rechenschaft ablegen muß vor dem ewigen Richter, so wird jetzt auch der politische Bereich in die persönliche Verantwortung einbezogen; jeder Schritt muß bedacht, jede Handlung überlegt und abgewogen werden. In den Fürstenspiegeln entwickeln sich Formen einer religiös-pädagogischen Ethik. Der mittelalterliche Konstitutionalismus kennt religiös begründete Sanktionen. In der Neuzeit macht der Katholizismus die Herrscher rechenschaftspflichtig gegenüber Kirche, Priestertum, Gewissen; im Protestantismus sind die institutionellen Gewichte schwächer, die inneren Gewissensinstanzen aber bestehen fort – von der bewußt kirchlichen Politik evangelischer «Betefürsten» bis zum individualistischen Umgang Bismarcks mit den «Losungen».

Aber den entscheidenden Schritt zur Organisation von Verantwortlichkeit tut erst der moderne Verfassungsstaat. Er schafft klare Verantwortungsräume und Verantwortungszeiten. Er macht deutlich, wer sich zu verantworten hat, in welchen zeitlichen Abständen dies geschieht, vor welchen Instanzen, mit welchen Verfahren der Bestätigung oder Verwerfung. Vor allem: Er zerlegt die Machtausübung und macht sie dadurch der Übersicht und Kontrolle zugänglich. So tritt neben die historische Verantwortung (für die Zukunft der Polis) und die innere Verantwortung (vor einer jenseitigen Macht) eine Vielzahl rechtlicher und politischer Verantwortlichkeiten *in der Zeit.* Diese Verantwortlichkeiten dehnen sich in der modernen Demokratie auf die ganze Breite des Staatslebens aus: *responsible government* heißt jetzt, daß die Herrschenden insgesamt den Beherrschten verantwortlich sind.

Jede der geschilderten Traditionen hat Entscheidendes zur Entstehung politischer Verantwortlichkeit beigetragen. Jede bedarf aber auch der Ergänzung, der Korrektur durch die andere. Für die antike Überlieferung ist das ganz deutlich: Trifft die Identifikation von Staat und Bürger einen Nerv des Politischen – Ehrgeiz und Wille zur öffentlichen Wirksamkeit, Freude an der Macht, aber auch am Amt, Selbsterweiterung durch Selbstentäußerung, «Heimfall ans Allgemeine» *(J. Burckhardt)* –, so ist solcher Antrieb immer auch in Gefahr, in Personenkult, Egomanie, Tyrannis umzuschlagen. Solchem Naturstand des Politischen gegenüber ist christliche Gewissensschärfung ein unentbehrlicher Widerpart. Aber auch sie kann ins Problematische entgleiten, in

Weltflucht, Risikoscheu, Abtretung der Entscheidungen an andere, in Spiritualismus und Klerikalisierung – ganz abgesehen davon, daß ihr Vollzug im Unsichtbaren bleibt. Daß endlich auch die Mechanismen der Gewaltenteilung, trotz ihrer wohltätigen Wirkung im Alltag, keinen absoluten Schutz in Krisenzeiten bieten, dafür bietet unser Jahrhundert viele Beispiele. Entscheidungsfreude im Ungewissen kann durch Übernormierung geschwächt werden; Normtreue ebnet die Risiken ein, die mit Politik verbunden sind; der politische «Unternehmer» kann zum ausführenden Organ werden, das nur noch Teilverantwortungen kennt.

(2) Damit bin ich bei der zweiten Frage: Wie steht es mit den *heutigen Formen bürgerlicher Verantwortung?* Korrespondieren sie noch mit den skizzierten Traditionen? Haben sich neue Erscheinungen entwickelt? Das Thema ist fast uferlos; ich beschränke mich auch hier auf wenige Thesen.

Deutlich ist wohl eine Schwächung der Naturantriebe des Politischen in der modernen Welt. Ehrgeiz, Ruhmbedürfnis, Sich-Auszeichnen-Wollen, Weiterleben im Staat – solche Motive dürften heute eine weit geringere Rolle spielen als noch im 19. Jahrhundert, von früheren Zeiten nicht zu reden. In jedem Fall werden sie klug verborgen. Sie sind nicht mehr öffentlichkeitswirksam, ja kaum öffentlichkeitsfähig. Politik und Politiker sind umstellt

vom organisierten Mißtrauen. So will es der Rechtsstaat, die gewaltenteilende Demokratie. Parlamenta-
rische Kontrolle, so vermerkt ein Schweizer Staats-
rechtslehrer, «ist von einer negativ-kritischen Haltung. Sie fragt nicht nach dem, was gut ist – das
Zulänglich-Richtige ist selbstverständlich –, sondern nach dem, was nicht ‹klappt›. Sie prangert an,
und bestenfalls entläßt sie mit dem Befund, es sei
zur Zeit (noch) nichts Nachteiliges zu entdecken. Ihr
Ziel ist die Ermittlung dessen, was nicht ‹in Ordnung› ist, und daran mag sich die kühle Reinigung
des Unreinen anschließen» *(Kurt Eichenberger)*.

Ich kritisiere das nicht, es ist die Konsequenz einer Zügelung der Macht, wie sie der westliche Verfassungsstaat seit 200 Jahren erfolgreich in die Wege
geleitet hat. Aber die Folgen, die Nebenfolgen dieser
begrüßenswerten Entwicklung müssen gesehen
werden. Wird das Politische generell unter Verdacht
gestellt, wird der Politiker in einer ständigen «Pur-
gierungsaskese» *(Eichenberger)* gehalten, so muß
man sich nicht wundern, daß kräftige Naturen ihre
Selbstentfaltung lieber in den Sphären Sport und
Unterhaltung, vielleicht noch Wissenschaft und
Wirtschaft suchen – aber nicht mehr in der Politik.
Es ist daher kein Wunder, daß jene perikleische
Stimmung der «Lust am Amt» in der modernen
Welt nicht mehr aufkommen will – sie würde Ver-
dacht erregen, ja als Zynismus empfunden werden.
Man mag einwenden, die vielen Skandale in der Po-

litik zeigten doch die Notwendigkeit parlamentarischer und richterlicher Kontrollen überdeutlich. Ich
fürchte, daß man hier einem Sehfehler unterliegt:
Der politische Bereich ist, im Unterschied zu anderen Bereichen, heute so gut erschlossen und durchsichtig gemacht, er liegt so sehr im Licht der öffentlichen Meinung, daß Verstöße gar keine Chance
haben, übersehen zu werden. Längst haben sich die
Politiker dem angepaßt. Sie spielen nicht mehr ihr
Ich aus, sondern reißen sich am dürren Riemen der
Pflicht. Ob das für Krisenzeiten reicht? Ich habe
Adenauer im kleinen Kreis sagen hören, *Brüning* habe
«der Sinn für die Spiele» gefehlt, daran sei er ge-
scheitert. Das ist es wohl: Ohne Rückgriff auf psychische Reserven läßt sich keine ungewöhnliche
Situation meistern.

Gefährlicher scheint mir eine zweite Entwicklung zu sein: die *Abkehr vom Allgemeinen,* die em-
phatische Hinwendung zu den *ídia,* zum Einzelnen,
Lokalen, Partikularen. Sie ist heute allenthalben
sichtbar. *Small is beautiful,* das Kleine, Versteckte,
Übersehene hat Konjunktur. Heimatgefühle werden
gegen den «Racker Staat» und seine zentralistischen
Planungen mobilisiert. Zwergschule und Stadtteil-
bühnen haben Konjunktur, die nostalgische Eck-
kneipe wehrt sich erfolgreich gegen das neue Hoch-
haus, ein Bedürfnis nach Befestigung, Behausung
breitet sich aus nach Jahren des Mobilitätsrauschs.
Ein Gespräch über Bäume und (neuerdings) über

Wolken ist längst keine Zumutung mehr – zumal die Deutschen fühlen sich hier im Zentrum des politischen Diskurses. Längst hat sich das Wort «Bürger» vom Staat gelöst und ist eine neue Liaison mit dem Partikularen, Anti-Zentralen eingegangen: Bürgerinitiativen, Bürgerforen, Bürgerbegehren. Ein Hauch von direkter Demokratie liegt in der Luft; im Lokalen, Regionalen organisiert sich frisches Engagement; aber vom Staatsganzen hört man nur Skandalbotschaften, und das Gemeinwohl, so scheint es, ist ein grauer Schulbegriff geworden.

Ich will keine Karikatur zeichnen. Gewiß ist das Allgemeine in den vergangenen Jahren auch überstrapaziert worden: Die Bildungsreform, aber auch die Gebietsreform sind naheliegende Beispiele. Die zweite Aufklärung ging mit allzuviel Selbstsicherheit zu Werk. Ihre Erziehungs-Entschlossenheit war leider von keinem Zweifel angefochten. Kein Wunder, daß die Mehrheit der Menschen heute des täglichen Erzogenwerdens – durch Medien, Hochsprache, Sozialmoral, öffentliche Konventionen – gründlich überdrüssig ist. Das war übrigens schon immer so. Jede Aufklärung trägt eine Romantik in sich. Auf *Voltaire*-Zeiten folgen *Rousseau*-Zeiten.

Freilich sollte man nun nicht von einem Extrem ins andere fallen und eine Sache gut deutsch um ihrer selbst willen übertreiben. Eigen-Sinn ist gut, und gerade in einem föderativen Staatsgebilde muß es viele Wohnungen, viele sprachliche und politische

Ausdrucksmöglichkeiten geben: dies um so mehr, als übernationale Organisationen noch nicht verfügbar sind. Aber das Staatsinteresse muß gleichwohl erkennbar werden.

Nicht alles Private, Verbandliche, nicht alles Rätische und Ständische sollte – wie heute leider üblich – den Mantel des öffentlichen Interesses um sich schlagen dürfen. Es sollte nicht dahin kommen, daß der Staat mit den «particuliers» auf gleicher Stufe um die Verteilung der Macht kämpfen muß – so als gäbe es in der Gesellschaft eine Vielzahl autogener Gewaltträger aus deren friedlich-unfriedlichem «bargaining» am Ende so etwas wie der Gemeinwille hervorgeht. Daß eine solche Vorstellung vorkonstitutionell, daß sie stände- oder rätestaatlich ist und rasch ins Zeitalter von Faust und Fehde zurückführen würde – darauf hinzuweisen ist heute ebensoviel Anlaß wie 1968.

Von einer anderen Seite wird heute das überlieferte Bürgerengagement in Frage gestellt. Wer Politik treibt, muß auf vieles verzichten: Familienleben, Beruf, Freizeit. Sein Gefühlshaushalt wird klein. Er wird in die Pflicht genommen. Solchem Zwang zur Entäußerung, zur Ent-Individualisierung widerspricht die heute immer stärker sich ausbreitende Tendenz zum Privaten, zur Intimität. Man befrage nur die Sprache: Die *Selbst*tendenzen sind im Kommen: Selbstbestimmung, Selbsterfahrung, Selbstfindung, Selbstverwirklichung. «Freiraumorientierte»

Werte haben Konjunktur: Emanzipation, Hedonismus, Muße, Genußfähigkeit, ja selbst «die noble Passion der Ausschweifung» *(Lafargue)*. Dagegen stagnieren die Pflicht- und Akzeptanzwerte. Ent-Individualisierung, Dienst, gar Hingabe sind gründlich aus der Mode. Gegen moralische oder politische Bedenken hat sich dieser «Wertewandel» listig dadurch immunisiert, daß die neuen Leitbilder als «postmaterielle Werte» gehandelt werden. Gäbe es einen Preis für den Euphemismus des Jahrzehnts, diese Wortschöpfung müßte ihn erhalten!

Im Gemenge neuer Lässigkeiten spielt die *Kultur des Gefühls* eine betonte Rolle. Sie wird herausfordernd der klassischen Ratio entgegengesetzt. «Ich will nicht sachlich sein, ich bin besorgt», so äußert sich Robert Jungk in seinem «Atomstaat». Das ist ehrenwert als individuelle Position, macht jedoch das gemeinsame politische Leben nicht leichter. Gefühlsbetroffenheit schafft einen Sog, äußert sich in Mitleid oder Empörung, schmiedet jene zusammen, die vor Wut, Entsetzen oder Verzweiflung nicht mehr anders können. Bürgerliches Engagement ist das natürlich nicht. Dieses kann erst dort beginnen, wo gesprochen, diskutiert, an die gemeinsame Vernunft appelliert und schließlich rational entschieden wird. Politik mit Gefühlen, Politik mit der Angst ist schlechte Politik. Hegels verächtliche Worte gegen den «Brei des Herzens» mögen uns heute allzu selbstsicher klingen – richtig daran ist doch, daß sich mit schierer Sentimentalität kein Staat machen läßt.

Können in dieser Lage *Religion und Kirchen* helfen? Wie steht es mit dem religiösen Verantwortungs-Forum, das in der Entwicklung bürgerlicher Verantwortung eine so große Rolle gespielt hat?

Zweifellos spielen religiöse Strömungen in der heutigen Verantwortungsdebatte eine gewichtige Rolle. Wo immer Politik, Wirtschaft, Technik über den einzelnen hinausgreifen und das Schicksal ganzer Generationen berühren, wo sie Weichenstellungen vornehmen und Bindungen für eine weite Zukunft eingehen, dort meldet sich unvermeidlich die theologische Reflexion zu Wort. Auch der bedeutendste Versuch, Verantwortung als zentrale Kategorie der Politik im technologischen Zeitalter zu begreifen, *Hans Jonas'* «Das Prinzip Verantwortung» (1984), verleugnet dieses Erbe nicht; seine Kritik der Utopie, seine «Heuristik der Furcht», sein Versuch, die Vergangenheit als Quelle des Wissens vom Menschen neu zu entdecken, stehen fest auf dem Boden jüdisch-christlichen Denkens über die Linearität und Unumkehrbarkeit der Zeit. Ich wage auch die These, daß die Politiker – jedenfalls die ernsthaften, die nachdenklichen – in allen Teilen der Welt diese Perspektive eindringlich vor Augen haben, daß sie sich bewußt sind, mit ihren gegenwärtigen Entscheidungen Folgen auszulösen wie vielleicht nie in der Geschichte der Menschheit. Welche Folgerungen sie freilich aus dieser Einsicht ziehen, das steht auf einem anderen Blatt.

Hier wird eine Grenze der Wirksamkeit christlicher Traditionen spürbar. Christliche Überlieferung wirkt heute nach wie vor eindringlich als Element individueller Gewissensschärfung (auch in der säkularisierten Variante der Rechenschaftspflichtigkeit); sie materialisiert sich aber heute sehr viel schwerer als früher in einem inhaltlichen Katalog der Verantwortungen oder gar in einem öffentlich anerkannten Forum der Rechenschaft. Der *Gewissensappell* wird nicht mehr (oder nur unzulänglich) ergänzt durch eine *Soziallehre,* durch normative Bilder der Gerechtigkeit, durch eine verbindliche Verhaltenslehre. Auch Sanktionen fehlen. So wird das Gewissen zum Formalprinzip. Als solches ist es durchaus wirksam: Es drückt, sticht, macht wach. Aber es weist nicht die Richtung. Die Einsicht, daß Gewissen auf Wissen beruht, *conscientia* auf *scientia,* ist weitgehend verlorengegangen.

Am schwierigsten ist wohl eine Bilanz im Bereich des modernen *Verfassungsstaates.* Hier stehen Gewinne und Verluste einander gegenüber. Auf der einen Seite hat das Prinzip des *responsible government* im Geltungsbereich rechtsstaatlicher Demokratie die letzten Räume erreicht, die letzten Widerstände überwunden. Auf der anderen Seite mehren sich die Stimmen, die beklagen, daß Verantwortung immer ungreifbarer, die Verantwortlichen immer unsichtbarer werden. Auf der einen Seite sind die Sanktionen für politisches Fehlverhalten (auch außerhalb rechtlicher Verantwortlichkeit im engeren Sinn) allgegenwärtig; auf der anderen Seite scheint gerade diese Regelungsdichte zu bewirken, daß man kaum noch Verantwortliche findet. Auf der einen Seite werden die Institutionen mit Berichtspflichten, Rechenschaften, Kontrollen, Gerichtsverfahren überzogen; auf der anderen Seite scheinen sich die Verantwortungen von den Institutionen zu entfernen – bis hin zur Wiederkehr alter Formen der Selbsthilfe, des Faustrechts, der Fehde gegen den Staat. So erschreckend es klingt: Junge Menschen dürften heute das Wort Verantwortung hauptsächlich aus Meldungen vernehmen, in denen Gewalttäter – natürlich aus sicherem Hinterhalt und ungreifbar – «die Verantwortung» für ihre Taten übernehmen. Nichts kann die Leiden des *responsible government* in der Zeit scheinbar universeller Geltung und Verbreitung eindringlicher vor Augen führen!

(3) Was bleibt an Folgerungen für die «Zukunft der Verantwortung» zu ziehen? Welche Prognosen sind zu stellen, welche Therapien anzuraten? Ich beschränke mich auf wenige Thesen.

Zum antiken Erbe: Kaum entbehrlich erscheinen mir auch heute die Formen spontaner psychischer Identifikation von Bürger und Polis, Bürger und Staat. Sie bieten den Naturstoff, aus dem alle Politik lebt, die Antriebsenergie, die nötig ist, um Widerstände zu überwinden, Entbehrungen auszuhalten, Enttäuschungen zu bestehen. Mag dieser Naturstoff später christlich überformt und verfassungsstaatlich gehegt werden – er muß erst einmal vorhanden sein, damit Politik als Verantwortung für ein Allgemeines entstehen kann. Die Leidenschaft für den Staat, die das Ich überwindet, muß im Ich selbst gründen; das Persönliche darf in der Hingabe nicht verschwinden, es muß größer, dauerhafter werden. *Handeln im Ungewissen ist das Risiko des Politikers. Daß er es eingeht, macht seine Ehre und Würde aus. Diese Ehre darf ihm nicht genommen werden, auch nicht unter dem Vorwand vermeintlicher Sicherung des Gemeinwohls. Sonst wird der Politiker zur Marionette, zum sicherungssüchtigen Opportunisten, sonst geht er am Ende wirkliche Verantwortung nicht mehr ein.*

In einer unserer Zeit und ihrem Fühlen näheren Sprache hat *Theodor Heuss* jene psychische Voraussetzung der Politik umschrieben als «Produktivität des Behagens». Er hat behutsam darauf hingewiesen, daß sich auch in modernen Zeiten Politik nicht im Zustand permanenter Selbstzerknirschung und -kasteiung betreiben läßt. Gewiß darf der Handelnde nicht gewissenlos sein – *Goethes* den Griechen nachempfundenes Wort gilt nicht für christliche Zeiten, noch weniger für verfassungsstaatliche Rahmenbedingungen der Politik. Aber der Politiker darf, ja muß gelegentlich auch mit gutem Gewissen

86

handeln und handeln können. Ein Stück Affirmation gehört zur Politik wie zum Leben überhaupt. «Was ist, kann nicht wahr sein» *(E. Bloch)* ist kein Satz der Politik, sondern der akademischen Politikferne.

Ob Verantwortung eine Zukunft hat, ob sich die Beziehung zwischen Bürger und Staat wieder herstellt und festigt – das hängt nach meiner Überzeugung davon ab, ob wir fähig sind, den Handelnden guten Gewissens handeln zu lassen. Kontrollieren soll man ihn gewiß – auch ihn sorgsam betrachten, den Prozeduren von Approbation und Reprobation unterwerfen; einverstanden. Doch man sollte ihn auch, wie den Sportler in der Arena, nicht nur mit zweifelnden Gedanken begleiten, sondern gelegentlich auch ermutigen und anfeuern. Man sollte ihm seine Ehre, seine Chance zur Bewältigung lassen. *Es ist eine Bewährungsprobe für unsere politische Kultur, ob Handeln in Verantwortung und Risikobereitschaft noch möglich ist oder ob es untergeht im Klima einer neidigen Voyeursmoral.*

Über die Zukunft der Verantwortung entscheiden auch *christliche Überlieferungen.* Ich sagte schon, daß sie heute durchaus wirksam sind, wenn auch in einer gewissen Verengung auf formalpsychologische Hemmungsmechanismen. Eine erweiterte, die Politik entlastende und freisetzende Wirksamkeit jener Überlieferungen könnte ich mir in zwei Richtungen vorstellen: einmal in einer stärkeren Materialisierung und Aktualisierung jener Lehren (über den engeren Bereich der Soziallehre hinaus), zum anderen in einer persönlichen seelsorglichen Zuwendung zum Politiker, welche über die Grenzfälle des überlieferten Wächter- und Richteramtes (also über ein Modell theologischer «Eingriffsverwaltung») hinausgeht.

In der heutigen Situation genügt es nicht mehr, daß die Kirchen die Politik von allen Seiten mit einem «Es ist dir nicht erlaubt!» umstellen, aber kein Wort darüber verlieren, *was denn nun in einer gegebenen Situation erlaubt, ja geboten sein könnte.* Gewiß können kirchliche Sprüche heute keine Bannsprüche mehr sein; müssen sie aber deswegen nur Einsprüche und Wider-Sprüche sein? Dann hätten sie keine Gestaltungskraft. Mir scheint, daß in den Kirchen seelsorgspsychologisch vielfach noch ein Bild von Politik nachwirkt, das zumindest in der westlichen, rechtsstaatlichen, demokratischen Welt kaum mehr anzutreffen ist – Politik als Magma ordnungsloser Kräfte, das durch kirchliches Rechtsgebot erst eingehegt und kanalisiert werden müsse; Politiker als hemmungslose Kraftnaturen, denen die Kirchen erst einmal ihr domestizierendes *non licet* entgegenzusetzen haben. Die Wirklichkeit ist aber anders. Wichtiger als Domestikation scheint mir heute Ermunterung zu sein. *Beim Durchschnitt heutiger Politiker gilt es eher Ich-Schwäche zu kompensieren als Kraftüberschüsse zu regulieren. Den nervös-bescheidenen, um Zustim-*

Manesse Verlag
Badergasse 9
CH - 8001 Zürich

MANESSE BIBLIOTHEK
DER WELTLITERATUR

MANESSE BIBLIOTHEK
DER WELTGESCHICHTE

MANESSE BÜCHEREI

Wir freuen uns über Ihr Interesse, das Sie unserer Manesse-Bibliothek entgegenbringen, und hoffen, daß Sie aus der Lektüre Freude und Gewinn ziehen werden. Wenn Sie uns diese Karte mit Ihrer Adresse einsenden, werden wir Sie gerne laufend über unsere Neuerscheinungen orientieren.

Absender

Vorname / Name (wenn notwendig, Vorname abgekürzt)

Straße / Hausnummer

PLZ   Ort

Land

mung bemühten, rechts- und parteistaatlich gebändigten
Politiker von heute von der Zinne des kirchlichen Wäch-
teramtes anzuherrschen, als sei er Attila oder Napoleon –
das geht an der Sache, an der seelsorglichen wie politi-
schen Situation gründlich vorbei.

Endlich die *verfassungs- und verwaltungsstaatliche*
Seite der Verantwortung. Auch hier scheinen mir Mo-
bilisierungen von Traditionen, Veränderungen von
Einstellungen, neue Konzeptionen möglich und nötig zu sein. *Niklas Luhmann* hat gezeigt, daß sich mit
wachsender Komplexität der Gesellschaft reale Verantwortung vorwiegend unten, an den Toren des
Systems, verdichtet, während die politische Verantwortlichkeit oben vielfach zur Fiktion wird. Popu-
läre Erwartung und öffentliche Meinung verfahren
jedoch entgegengesetzt: Sie inszenieren die an der
Spitze des Systems Stehenden zu Allwissend-Verant-
wortlichen (und sei es nur alten Sündenbockritualen
zuliebe), während die realen Verantwortungslei-
stungen der Verwaltung im töricht-bequemen Verdikt über «die Bürokratie» meist untergehen. Ähnlich steht es mit der Spannung von Spezialisierung
und Verantwortlichkeit: Die allgemeine Erwartung
rechnet noch immer mit integrierten, personalisier-
ten Verantwortlichkeiten, obwohl diese im praktischen Vollzug oft schon an den Klippen der Arbeits-
teilung scheitern. Oder die Problematik von Kolle-
gialentscheidungen: Der durch sie herbeigeführte
Verlust an unmittelbarer Zurechenbarkeit wird heu-

te vielfach beklagt; aber wer ist denn bereit, die alte Befehlsstruktur direkter Weisungen, die Formen persönlich-verantwortlicher Machtausübung in der Öffentlichkeit zu verteidigen?

Diese Andeutungen mögen zeigen, daß die Zukunft der Verantwortung nicht von blinden Zufällen, sondern von unseren eigenen Bemühungen abhängt. Ich bin sicher: Verantwortung wird auch künftig wahrgenommen werden, wenn sie nicht durch unkontrollierte Auflagen der Nicht-Verantwortlichen behindert wird. Daher gilt es zunächst einmal den Bewegungsspielraum der Politik zu sichern oder ihn, wo er verlorenging, neu zu öffnen. Erst wenn die handeln können, die handeln wollen, werden Engagement und Bürgerverantwortung wieder zunehmen – und erst dann wird der Bürger im Staat wieder *seinen* Staat erkennen.

Nachbemerkung

Dieses Buch ist aus Aufsätzen und Vorträgen der Jahre 1986–1990 erwachsen. U. a. wurden folgende Veröffentlichungen einbezogen: «Bürger und res publica – die Zukunft der Verantwortung» (Bergedorfer Gesprächskreis, Protokoll Nr. 80), Hamburg 1986. – «Recht und Politik» (Sitzungsbericht H zum 57. Deutschen Juristentag), Mainz 1988. – «Politik I, Geschichte und Systematik», in: «Staatslexikon», 7. Aufl., Bd. 4, Freiburg-Basel-Wien 1988. – «Moral versus Politik – ein Prozeß geht in Revision», in: Bayerische Akademie der Schönen Künste, Jahrbuch 3 (1989). – Bei dem Kapitel «Politik erforschen: wie und zu welchem Ende?» habe ich auf meine Studie «Politik als Gegenstand wissenschaftlicher Forschung. Historische Anmerkungen», in: «Politische Wissenschaft heute», herausgegeben von L. Reinisch, München 1971, zurückgegriffen; dem Verlag C. H. Beck sei für die Abdruckgenehmigung gedankt. Herzlich danke ich dem Manesse Verlag für die Ermunterung zu diesem Buch und Frau Angelika Mooser für die sachkundige Herstellung des Manuskripts.

München, im Sommer 1990   Hans Maier

HANS MAIER, geboren 1931 in Freiburg i. Br., studierte Geschichte, Germanistik und Romanistik in Freiburg, München und Paris; daneben war er in der katholischen Jugendarbeit und als freier Mitarbeiter beim Rundfunk und bei Zeitungen tätig. Nach seiner Promotion, 1957, und seiner Habilitation, 1962, in Freiburg bei Arnold Bergstraesser war er bis 1970 o. Professor für Politische Wissenschaft in München. Von Dezember 1970 bis Oktober 1986 amtierte er als Bayerischer Staatsminister für Unterricht und Kultus. Anfang 1988 kehrte Professor Maier an die Universität München zurück und übernahm dort den Lehrstuhl für Christliche Weltanschauung, Religions- und Kulturtheorie. Er ist Mitglied gelehrter Gesellschaften sowie der Deutschen Akademie für Sprache und Dichtung, ferner Mitherausgeber der Wochenzeitung «Rheinischer Merkur/ Christ und Welt» und mehrerer Zeitschriften.

Neben dem Standardwerk «Die ältere deutsche Staats- und Verwaltungslehre» (1966, 3. Aufl. 1986) schrieb Hans Maier eine Vielzahl von Büchern und Aufsätzen. Zu seinen Hauptveröffentlichungen zählen «Revolution und Kirche» (1959, 5. Aufl. 1988), «Politische Wissenschaft in Deutschland» (1969, 2. überarb. Aufl. 1985), «Kritik der politischen Theologie» (1970), «Kirche und Gesellschaft» (1972, 2. Aufl. 1979), «Katholizismus und Demokratie» (1983), «Staat – Kirche – Bildung» (1984), «Religion und moderne Gesellschaft» (1985) und «Die Deutschen und die Freiheit» (1985, 2. Aufl. 1986). Zu seinen wissenschaftlichen Hauptarbeitsgebieten gehören: Kulturpolitik, Staatskirchenpolitik, deutsche und französische Sozial- und Verfassungsgeschichte und die Geschichte der christlichen Parteien.

CIP-Titelaufnahme der Deutschen Bibliothek

Maier, Hans:
Verteidigung der Politik :
Recht – Moral – Verantwortung / Hans Maier. –
Zürich : Manesse Verlag, 1990
(Manesse Bücherei ; Bd. 40)
ISBN 3-7175-8174-0
NE: GT

Buchgestaltung
Brigitte und Hans Peter Willberg, Eppstein